SOLFERINO YOUNG

Mario Salvini

CAMPIONI DA FAVOLA

STORIE DI CORAGGIO E PASSIONE SPORTIVA
PER GLI ATLETI DI DOMANI

Illustrazioni di
Eleonora Morea

SOLFERINO YOUNG

SOLFERINO

www.solferino.it

ISBN 978-88-282-1744-2
Prima edizione: luglio 2025

Illustrazioni: Eleonora Morea

Progetto grafico e realizzazione editoriale: Studio Dispari, Milano

Campioni da favola

A Nico e Luca

YANNIK SINNER

01

JANNIK SINNER

Jannik Sinner è nato in un paesino dell'Alto Adige, San Candido, ed è cresciuto a Sesto Pusteria. La sua mamma, Siglinde, e il suo papà, Hanspeter, lavoravano in un rifugio di montagna che si chiama Fondovalle, all'imbocco di un sentiero che porta alle Tre Cime di Lavaredo. La famiglia parla tedesco e quindi il rifugio dove cucinavano e servivano ai tavoli lo chiamano *Talschlusshütte*. Fin da piccolo Jannik era molto portato per lo sport, e come tanti bambini dell'Alto Adige praticava lo sci. Lo faceva davvero bene, tanto che a 8 anni, nel 2009, ha vinto a Sansicario il Trofeo Topolino, una specie di campionato italiano per bambini che in passato ha visto trionfare alcuni dei futuri fenomeni dello sci azzurro, come il grande Alberto Tomba. La specialità di Jannik era lo slalom gigante. Proprio quell'anno però ha cominciato a giocare anche a tennis: così, per cambiare un po' ma solo una o due volte alla settimana. La mattina andava a scuola, poi si fermava a pranzo dai nonni, perché mamma e papà erano impegnati al rifugio, e al pomeriggio andava, da solo, fin da piccolo, agli allenamenti di sci o di tennis. Da subito è stato chiaro che anche per il tennis aveva un talento particolare. Nonostante questo, è rimasto ancora per un po' il suo secondo sport, la sua seconda scelta: era talmente bravo nello sci che non era proprio il caso di cambiare, tant'è vero che nel 2013, a 12 anni, ha vinto il titolo italiano nel suo amato slalom gigante. Ma poco dopo ha preso la decisione della vita: avrebbe giocato a tennis, abbandonando lo sci agonistico. E l'ha fatto per due ragioni: gli allenamenti dello sci erano troppo lunghi in confronto alla brevità della gara, e poi, come ha spiegato lui stesso alcuni anni fa, «perché il tennis è un gioco, non è uno di quegli sport in cui se fai un errore è finita». Nel tennis dopo uno sbaglio, dopo un punto o un set persi, c'è ancora il tempo di recuperare, e per riuscirci bisogna essere bravi a reagire. Solo che a 13 anni Jannik era già troppo forte per giocare con i suoi coetanei della zona: aveva bisogno di maestri e allenatori specializzati. E così è entrato nell'Accademia di Riccardo Piatti, a Bordighera, dove si sono allenati molti tennisti diventati campioni. Come ha raccontato lui stesso, è passato da San Candido, Alto Adige-quasi-Austria, a Bordighera, Liguria-quasi-Francia. Si trovava cioè a 700 chilometri da casa e dai suoi genitori, ed era poco più di un bambino. All'inizio era ospite di una famiglia; non parlava nemmeno tanto bene l'italiano, conosceva giusto un po' di parole, e tutto, per lui, era terribilmente difficile. Piano piano ha imparato a cavarsela da solo anche fuori dal campo. Intanto, diventava sempre più bravo. A 18 anni è salito al 130° posto della classifica mondiale, e poche settimane dopo era già tra i primi 100 tennisti del mondo. Da lì la crescita è stata inarrestabile: ha cominciato a guadagnarsi qualche successo in partite di tornei sempre più importanti, e poi anche a vincerli, quei tornei. Nel tennis ci sono quattro tornei che sono considerati i più importanti del mondo, chiamati Slam: l'Australian Open a Melbourne, in Australia; il Roland Garros di Parigi, in Francia; Wimbledon in Inghilterra e l'US Open a New York, negli Stati Uniti. Nel gennaio 2024, Jannik ha conquistato l'Australian Open: era da quarantotto anni che un tennista uomo italiano non vinceva un torneo dello Slam, in anni recenti c'erano riuscite solo le ragazze, Francesca Schiavone e Flavia Pennetta. . Poi, a settembre, si è ripetuto, vincendo a New York lo US Open. Nel frattempo, il 10 giugno 2024, è diventato il numero 1 della classifica mondiale, nessun italiano ci era mai riuscito. E solo pochi mesi fa ha vinto in Australia per la seconda volta. Il ragazzo che doveva fare lo sciatore oggi è il miglior giocatore di tennis del Pianeta.

LEO MESSI

02

LEO MESSI

Leo Messi ha cominciato a giocare a calcio quando aveva 4 anni. Viveva con la sua famiglia a Rosario, in Argentina. I soldi in casa erano pochi, ma la nonna Celia convinse i suoi genitori a comprargli le scarpe con i tacchetti. Si dimostrò bravissimo fin da piccolo, giocava con bambini di due o tre anni più grandi di lui e quasi sempre risultava il migliore. A 11 anni però era ancora molto piccolo di statura, le sue ossa erano sottili e alcuni compagni di scuola lo prendevano in giro chiamandolo «pulce». I genitori iniziarono quindi a pensare che soffrisse di qualche malattia. Tutte le squadre di Rosario lo volevano, il problema però era trovare i soldi necessari per le cure. Per fortuna in quel periodo anche il Barcellona, famosissima squadra europea, aveva sentito parlare di lui, e grazie anche agli zii che vivevano in Spagna si riuscì a organizzare un provino. Leo andò oltreoceano accompagnato dal papà Jorge, e ne valse la pena perché gli osservatori della squadra, non appena lo videro giocare, decisero immediatamente di pren-

derlo. Carles Rexach aveva talmente tanta fretta di concludere l'accordo che il contratto lo scrisse sul tovagliolo di carta del ristorante dove stavano mangiando. Il papà di Leo lo firmò ed ebbe così inizio la carriera di uno dei più grandi calciatori della storia. Leo si trasferì in Spagna con tutta la famiglia e il Barcellona si occupò delle sue cure.
Nei cinque anni trascorsi giocando nelle squadre giovanili ha disputato 179 partite e segnato 234 gol. A 17 anni ha poi debuttato nella prima squadra, dove avrebbe giocato per i successivi diciotto vincendo dieci campionati e segnando 474 reti. Nel 2021 è passato al Paris-Saint Germain, con cui ha vinto tutti e due i campionati francesi cui ha preso parte, per poi andare, nel 2023, negli Stati Uniti a giocare nell'Inter Miami.
Il debutto con la Nazionale argentina è avvenuto quando aveva 18 anni. Per molto tempo è stato criticato, perché nonostante fosse bravissimo e giocasse benissimo, la squadra con lui non era ancora riuscita a vincere alcun campionato: per tre volte era infatti arrivata seconda nella Coppa America e nel 2014 aveva perso la finale del Mondiale contro la Germania. Poi, finalmente, nel 2021, quando Leo era capitano, l'Argentina ha vinto la Coppa America e, l'anno successivo in Qatar, ha guidato la sua Nazionale al trionfo nel Mondiale, durante il quale ha realizzato anche 7

gol. Leo è così diventato l'eroe dell'Argentina. In più, in tutti questi anni ha vinto per ben otto volte il Pallone d'oro, il premio che va al miglior giocatore di ogni stagione. Nessuno ne aveva mai ricevuti così tanti. Significa che il ragazzino malato che sembrava non crescere mai, il bimbo che i compagni chiamavano «pulce», è diventato l'eroe dell'Argentina e il giocatore più importante del mondo.

MUHAMMAD ALI

03

MUHAMMAD ALI

Il suo vero nome era Cassius Clay ed era nato in Kentucky, nel sud degli Stati Uniti, in una famiglia umile. Il suo papà scriveva e dipingeva le insegne dei negozi, la sua mamma faceva la domestica. A scuola Cassius non andava tanto bene perché era dislessico, faceva cioè fatica a leggere e scrivere. Un giorno, quando era ancora piccolo, la madre lo ha mandato a comprare una bottiglia d'acqua, ma il negoziante non gliel'ha venduta. «Perché sei nero», gli ha detto. Cassius da allora ha sempre lottato per i suoi diritti e per il diritto di tutti i neri a essere trattati come i bianchi. Quando aveva 12 anni gli è capitata un'altra disavventura: gli hanno rubato la bicicletta a cui teneva tanto. Allora ha chiamato un poliziotto, era arrabbiatissimo: «Se prendo il ladro gli do un sacco di botte», disse. Il poliziotto, che si chiamava Joe Martin ed era anche un allenatore di boxe, gli rispose: «Allora devi imparare la boxe».

Quel giorno è cominciata la sua carriera. A 18 anni rappresentò gli Stati Uniti all'Olimpiade del 1960, che si svolgeva a Roma, e vinse la medaglia d'oro. Qualche tempo dopo, si trovava nella sua città con un amico e voleva andare in un ristorante. Sulla porta avevano però scritto Solo per bianchi, cosa che in quegli anni capitava spesso in molte zone degli Stati Uniti. Cassius si infuriò: «Ma come? Io rappresento gli Stati Uniti, vinco una medaglia d'oro per il mio Paese, e questo è il ringraziamento?». Gettò quella medaglia in un fiume.

Intanto, la sua carriera procedeva comunque benissimo. «Volo come una farfalla e pungo come un'ape», diceva. E vinceva in effetti tanti incontri, uno dopo l'altro. Fino al più importante, quello contro Floyd Patterson, grazie al quale diventò campione del mondo. In quello stesso periodo decise anche di diventare musulmano e di cambiare nome: iniziò a farsi chiamare Muhammad Ali.

Intanto, gli Stati Uniti combattevano una dura guerra, la guerra del Vietnam, e Ali fu chiamato dall'esercito. Ma rifiutò di partire come soldato: «I vietnamiti non sono miei nemici. Nessuno di loro mi ha mai chiamato negro», disse. «I miei nemici sono i bianchi razzisti.» Per essersi rifiutato di andare in guerra venne squalificato, non poteva più fare incontri sul ring e gli tolsero anche il titolo conquistato: non era più Campione del Mondo.

Solo dopo tre anni e mezzo gli fu concesso di ricominciare con la boxe. Voleva diventare di nuovo campione, ma al ritorno fu sconfitto da Joe Frazier. Non si diede però per vinto e continuò ad allenarsi duramente: riuscì così a riconquistare il titolo mondiale e a mantenerlo per anni, grazie a vittorie leggendarie come quelle contro George Foreman e contro il suo grande rivale Frazier. Per quei successi, per la sua personalità e per le sue proteste civili, Muhammad Ali è considerato da molte persone lo sportivo più importante del XX secolo. All'Olimpiade di Atlanta del 1996 venne scelto per accendere la fiamma olimpica e in quella occasione gli fu anche consegnata una copia della medaglia vinta a Roma nel 1960.

LELLA LOMBARDI

04

LELLA LOMBARDI

Il suo nome era Maria Grazia, ma tutti la chiamavano Lella. Da ragazzina Lella Lombardi leggeva le riviste di automobilismo e sognava le corse. A 13 anni imparò a guidare. I suoi genitori gestivano una macelleria nel loro paese, in provincia di Alessandria, e appena Lella ha avuto la patente, agli inizi degli anni Sessanta, ha cominciato a girare con il furgone di famiglia per fare le consegne in Liguria. Ma quello che voleva fare era correre.

Il problema era dirlo a mamma e papà, non solo perché le gare erano pericolose, ma anche perché servivano molti soldi per poter partecipare. E così, con l'aiuto della sorella e con tanti sacrifici, ha comprato un'auto a rate, cioè facendo debiti da ripagare poco alla volta. Con quella macchina, nel 1965 ha partecipato alla Formula Monza e dopo tre sole gare ha conquistato la sua prima vittoria. Il suo nome è finito così sui giornali, e leggendolo i suoi genitori hanno scoperto il segreto. Ma, invece di arrabbiarsi... sono diventati suoi tifosi!

Lella ha corso in diversi campionati femminili, vincendo spesso. Solo che non le bastava: lei voleva gareggiare anche contro gli uomini, e ci è riuscita. Ha conquistato il campionato di Formula 850, poi è andata in Messico, dove ha trionfato nella Formula Ford. E finalmente è arrivata in Formula 1, la categoria più importante.
Fino a quel momento in Formula 1 aveva corso una sola donna, anche lei italiana, si chiamava Maria Teresa de Filippis. Era accaduto negli anni Cinquanta, quando la Formula 1 era una realtà molto diversa. Nel 1974 Lella Lombardi si è presentata al Gran Premio (GP) di Gran Bretagna, ma non è riuscita a qualificarsi. Ci ha riprovato l'anno dopo, in Sudafrica, e lì sì che ce l'ha fatta a partecipare. In gara però è stata costretta a ritirarsi per un guasto. Il GP successivo si è svolto in Spagna, a Barcellona. Una corsa piena di problemi, su una pista non molto sicura. Alcuni piloti, tra cui il Campione del Mondo, Emerson Fittipaldi, si sono addirittura ritirati per protesta. Un'auto ha avuto una perdita d'olio e tanti partecipanti, scivolando sull'asfalto viscido, hanno avuto incidenti. Lella no: partita 24ª, è rimasta in pista, ha approfittato della situazione e ha rimontato fino all'8° posto. Uno degli incidenti però è stato gravissimo: l'auto di Rolf Stommelen, dopo aver sbattuto contro le barriere, è volata tra il pubblico e quattro spettatori sono morti. I giu-

dici, incredibilmente, hanno fatto continuare la gara ancora per un po'. Quando finalmente è stata sospesa, Lella si è ritrovata sesta. A quei tempi si assegnavano punti ai primi sei classificati, e al sesto ne andava uno. Ma, avendo corso solo 29 dei 75 giri previsti, la giuria ha dimezzato il punteggio e a Lella Lombardi ne è stato così attribuito mezzo. Mai nessuna donna c'era riuscita prima di allora. E nessuna ce l'ha fatta nemmeno dopo, perché da lì e fino a oggi, anche se sono trascorsi più di cinquant'anni, nessuna donna ha mai più disputato un GP in Formula 1.

SORELLE WILLIAMS

05

SORELLE WILLIAMS

Un giorno Richard Williams, mentre guardava alla televisione una partita di Virginia Ruzici, ha cominciato a pensare al suo piano. Gli piaceva vedere il tennis e immaginava che sarebbe stato bello se le sue figlie fossero diventate brave come quella giocatrice romena che stava ammirando in tv. Le due bambine si chiamano Venus e Serena e a quei tempi erano molto piccole, avevano soltanto 4 e 5 anni. Richard scrisse allora un programma di ottantacinque pagine su tutto quello che avrebbero fatto: come si sarebbero allenate, per quanto tempo, su quali campi. La loro famiglia, che comprendeva altre tre sorelle, oltre a mamma Oracene Price, viveva a Compton, un quartiere di Los Angeles con molti problemi di malavita e reso ancora più pericoloso da una brutale guerra tra bande rivali.

Venus e Serena cominciarono ad allenarsi tutti i giorni in un campo pubblico con il loro papà e spesso anche con la mamma. La famiglia non aveva abbastanza soldi per poter accedere a un circolo privato, con campi e attrezzature migliori. C'era poi anche un altro problema: il tennis è uno sport praticato prevalentemente da bianchi, spesso bianchi ricchi. Alle sorelle Williams e al loro papà-allenatore, quindi, capitava di essere maltrattati, a volte insultati, e talvolta erano indesiderati ai tornei e nei circoli. Oltre a essere atletiche, alte e potenti, Venus e Serena dimostrarono presto di essere molto portate, diventando di lì a poco le migliori della loro categoria giovanile. A quel punto i genitori le portarono a vivere in Florida, dove poterono frequentare un circolo con un allenatore professionista. Ma solo per breve tempo, perché a 14 anni tutte e due diventarono professioniste a loro volta. Da quel momento cominciarono due carriere parallele straordinarie.

Dopo diversi successi sempre più importanti, la prima a conquistare uno Slam fu Serena, a New York nel 1999. L'anno dopo arrivarono i primi trionfi anche per Venus, a Parigi e a sua volta a New York. Tutte e due sono state numero 1 al mondo, vale a dire le giocatrici più forti di tutte le altre.

Nel 2003 Yetunde, una delle loro sorelle, fu uccisa in una sparatoria a Compton, proprio in uno scontro tra bande. Era stata l'assistente di entrambe. Serena, soprattutto, restò scioccata: per mesi non riuscì più a giocare come sapeva, poi per fortuna si riprese e ricominciò ad accumulare nuovi trionfi. Venus, soprannominata «La Venere Nera», ha vinto sette tornei dello Slam, mentre Serena, a tutti nota come «The Queen» (La Regina), addirittura ventitré. Sono talmente brave che tante volte sono arrivate a giocare una contro l'altra in finale. Poi, per loro fortuna, quasi a ogni torneo avevano la possibilità di andare in campo insieme, nel doppio. In coppia hanno conquistato quattordici tornei dello Slam e tre medaglie d'oro alle Olimpiadi. Mai si era vista una coppia di sorelle così vincente, sia insieme sia da rivali, né nel tennis né in nessun altro sport.

BULLS
23
MICHAEL JORDAN

06

MICHAEL JORDAN

Il 6 ottobre del 1993 tutti i canali di notizie degli Stati Uniti hanno interrotto le loro programmazioni appena si è saputo di un fatto incredibile: «Michael Jordan smette di giocare a basket». Sembrava una cosa impossibile, perché Jordan era senza dubbio il miglior giocatore della NBA, il famoso campionato americano, e aveva solo 30 anni, troppo giovane per ritirarsi. Ancora più strana appariva la motivazione: «Smette col basket perché vuole giocare a baseball».

Meno di due mesi prima James, il padre di Michael, era stato ucciso da due delinquenti che volevano rubargli la macchina. James era appassionato di baseball, e quando Michael era ragazzino con lui parlava sempre di quello sport. Era l'argomento che più di tutti li accomunava.

Ecco quindi il motivo della decisione che il grande campione aveva preso, raccontata anche in una intervista tv: «Giocare a baseball sarà un modo di prolungare la mia vita insieme a mio papà». Milioni di tifosi rimasero sbalorditi.

Jordan era il miglior giocatore dei Chicago Bulls, con cui era stato già tre volte Campione della NBA. Non solo: con la Nazionale aveva vinto due medaglie d'oro alle Olimpiadi, era quindi pazzesco che uno così decidesse di fare un altro sport, rischiando inevitabilmente di diventare un giocatore come tanti. Anzi, un giocatore di terza serie, nella squadra di una piccola città: Birmingham, in Alabama. Era passato dalle sue partite trasmesse in tv, dal lusso, dalle trasferte in aereo ai campi di provincia e a lunghissimi viaggi in pullman lungo le autostrade del sud degli Stati Uniti. Ma lui andò avanti con la sua decisione di cambiare sport, e proprio a proposito del pullman, siccome quello della sua nuova squadra non era molto bello, gliene regalò uno nuovo. D'altra parte, era milionario...
Per un anno e mezzo così Michael ha giocato a baseball. Attirava le attenzioni di tutti, tv e giornali continuavano a intervistarlo e ci si aspettava che prima o poi sarebbe arrivato nella massima serie, la Major League Baseball (MLB). Non sapremo mai se ce l'avrebbe fatta davvero, sappiamo però che nel 1994 i giocatori della MLB hanno fatto uno sciopero: per la prima e unica volta nel secolo non si è giocata la finale del campionato. E forse anche quell'episodio ha convinto Michael a ritornare sui suoi passi. Nell'aprile del 1995 ha fatto uscire un comunicato di due sole parole: «Sono

tornato». Significava che avrebbe ricominciato a giocare a basket, di nuovo con i Chicago Bulls. All'inizio qualcuno aveva dubbi, pensava che stare per quasi due anni lontano dal campo e dal pallone da basket lo avessero penalizzato. Invece sotto la sua ritrovata guida i Bulls hanno vinto altri tre campionati.

Quando Michael Jordan si era ritirato per dedicarsi al baseball, nel 1993, tutti avevano detto che era stato uno dei migliori giocatori di basket di sempre. Dopo quei nuovi successi erano concordi nel dire che si trattava del migliore.

07

WILMA RUDOLPH

Wilma Rudolph aveva ventuno fratelli e sorelle, diciannove più grandi di lei e solo due più piccoli. Il suo papà si chiamava Ed e faceva il ferroviere. Quando aveva 5 anni, Wilma ha avuto la poliomielite, una malattia che per fortuna oggi, grazie ai vaccini, non esiste più. Molto spesso non riusciva ad andare a scuola, e allora le cose più importanti gliele insegnava la sua mamma, Blanche. Sempre a causa della malattia Wilma perdeva sempre più forza nella gamba sinistra, e un giorno sentì che un medico diceva ai suoi genitori: «La bimba non camminerà mai più». «Ma la mia mamma diceva che invece ce l'avrei fatta», ha raccontato Wilma tanti anni dopo. «E io credevo a quel che mi diceva la mia mamma.» L'unica speranza di guarigione era una cura che però si poteva fare solo in ospedale. Ma c'era un problema: Wilma e la sua famiglia vivevano nel sud degli Stati Uniti e a quei tempi ai neri non era permesso di essere curati negli stessi ospedali dei bianchi. Così due volte alla settimana mamma Blanche

doveva accompagnarla da Clarksville, la loro città, a Nashville, distante più di 80 chilometri, dove c'era un ospedale che accettava pazienti neri.
Le cure sono andate avanti per anni, durante i quali Wilma era molto triste perché non poteva andare a scuola con i suoi fratelli. D'altra parte non riusciva a camminare bene, aveva bisogno di speciali tutori legati alle caviglie e quindi doveva rimanere a casa. Però aveva fiducia nelle parole della mamma e infatti, dopo anni di cure, Wilma sorprese tutti: un giorno si tolse quei tutori e fece vedere di poter camminare. Poté così tornare a scuola, e a 14 anni giocava addirittura nella squadra di basket.
È stato lì che un professore di ginnastica la vide e capì che poteva diventare bravissima nella corsa. Wilma si convinse e cominciò ad allenarsi. Ma non come gli altri, molto di più, perché era abituata a pensare che per lei tutto fosse più difficile. A 16 anni entrò nella Nazionale degli Stati Uniti di atletica leggera e nel 1956 partecipò all'Olimpiade di Melbourne, in Australia. Era la più giovane di tutta la squadra e vinse la medaglia di bronzo nella staffetta 4x100. Quattro anni dopo, nel 1960, l'Olimpiade si svolse in Italia, a Roma, e Wilma fu la grande protagonista: conquistò ben tre medaglie d'oro, nei 100 metri, nei 200 e nella staffetta 4x100. La ragazza a cui avevano detto che non avrebbe più potuto

camminare, o che sarebbe rimasta per sempre zoppa, era diventata la più grande velocista del mondo.
A casa tutti la accolsero come una regina. Il governatore del suo Stato, il Tennessee, voleva organizzare una festa in suo onore. Wilma disse che avrebbe dato il permesso solo se i neri avessero partecipato insieme ai bianchi. Il governatore accettò: e quello fu il primo evento pubblico finalmente aperto a tutti nella storia della città di Clarksville.

08

GINO BARTALI

Quando era ragazzino, sulla sua bicicletta Gino Bartali andava più forte di tutti. Nel suo paese, e nel resto della Toscana, batteva gli altri ragazzi della sua età e anche quelli più grandi. E quindi nel 1935, a 21 anni, è diventato professionista, cioè ha cominciato a competere nelle gare più importanti in Italia e all'estero. Un anno dopo, nel 1936, ha addirittura vinto il Giro d'Italia. Qualche giorno più tardi però suo fratello minore Giulio, anche lui corridore ciclista, è morto in un incidente stradale. Gino è rimasto molto scosso, tanto che avrebbe voluto smettere con il ciclismo, e ci sono voluti molti giorni per convincerlo ad andare avanti. Alla fine comunque lo ha fatto e ha continuato anche a vincere! Tutti gli italiani lo amavano molto, anche se non tutti tifavano per lui. A quel tempo gareggiava infatti anche un altro bravissimo ciclista, si chiamava Fausto Coppi. E così gli appassionati di quello sport si sono divisi tra chi faceva il tifo per Gino e chi preferiva invece Fausto. In quegli anni il ciclismo era molto popo-

GINO BARTALI

lare, forse più del calcio. La televisione ancora non esisteva e tutti ascoltavano le cronache delle corse alla radio.
Quando è scoppiata la Seconda guerra mondiale, tante gare sono state cancellate e quindi la carriera di Gino per un bel po' di tempo si è fermata. Lui però ha sempre continuato ad allenarsi.
Durante la guerra, l'esercito tedesco che occupava l'Italia imprigionava i cittadini ebrei, li portava in Germania e in altri Paesi e li rinchiudeva in campi di concentramento, dove erano condannati ai lavori forzati, in condizioni terribili, e dove molti di loro morivano.
Anche se non c'erano corse, Bartali, come detto, continuava ad allenarsi, percorrendo quasi ogni giorno tanti chilometri tra la Toscana e l'Umbria. E così un'organizzazione che provava a mettere in salvo gli ebrei lo ha cercato per chiedergli di dare una mano. Andando da una città all'altra poteva nascondere nella sua bicicletta documenti preziosi che servivano a dare nomi e cognomi falsi a tante persone che potevano così fingere di non essere ebrei e salvarsi. Era molto pericoloso perché, se fosse stato scoperto, anche lui sarebbe stato imprigionato. Ma quelli che lo hanno cercato erano convinti che nessuno avrebbe mai controllato il grande campione e la sua bici. E così è andata, per fortuna: con i documenti nascosti nelle canne e nel manubrio della sua

bicicletta Gino ha salvato circa ottocento ebrei dalla deportazione nei campi di sterminio. Per tanti anni però questa storia lui non l'ha raccontata a nessuno: «Il bene si fa ma non si dice», ripeteva ai pochi amici che sapevano tutto. Dopo la guerra ha corso ancora, vincendo tre Giri d'Italia e due Tour de France, il giro di Francia. Solo quando era ormai vecchio ha rivelato al figlio quello che aveva fatto per salvare gli ebrei. E tutti, in tutto il mondo, oggi sanno che il grande campione è stato anche un eroe di bontà e di coraggio.

09

LEWIS HAMILTON

Quando era piccolo, Lewis Hamilton guardava le corse in tv e aveva un idolo: Ayrton Senna, un pilota brasiliano che per tre volte aveva vinto il campionato del mondo di Formula 1. E amava molto la Ferrari, che secondo lui era il simbolo delle corse. In quegli anni Lewis ricevette in regalo dal papà una macchinina telecomandata e in poco tempo diventò bravissimo a manovrarla. Così cominciò a partecipare a qualche gara, sfidando anche gli adulti, fino ad arrivare al 2° posto nel campionato nazionale della Gran Bretagna.

A quel punto, suo padre Anthony pensò che il figlio potesse avere la stessa abilità anche su un'auto vera e propria. Lewis aveva solo 8 anni, e ovviamente non poteva guidare un'auto, ma un kart sì. Il signor Anthony gliene comprò uno, e ben presto scoprì che aveva ragione: Lewis era veramente un talento. Solo che correre con i kart costa molto: servono i pezzi di ricambio, le gomme, bisogna viaggiare… Anthony non voleva negare al figlio quella sua passione,

LEWIS HAMILTON

così per un certo periodo fece addirittura tre mestieri diversi, lavorava cioè anche la sera e nei fine settimana, pur di guadagnare abbastanza per permettere a Lewis di partecipare alle gare.
Ma qui sorgeva un altro problema: alle corse di kart non c'erano altri ragazzini neri, come lui. Succedeva spesso, purtroppo, che qualche suo avversario lo trattasse male, lo insultasse, o lo prendesse in giro, sia per il colore della pelle sia per gli scarsi mezzi che aveva a disposizione, soprattutto per la qualità del suo kart che era più vecchio e malandato di quello dei rivali. Ma Lewis era talmente bravo che spesso vinceva ugualmente: a 10 anni diventò campione britannico della sua categoria. Fu in quel periodo che incontrò per la prima volta Ron Dennis, il proprietario della McLaren, una scuderia di Formula 1. «Ciao,» gli disse «mi chiamo Lewis, ho vinto il campionato e un giorno guiderò una delle tue macchine.»
Ed è successo veramente: a 13 anni Hamilton entrò nel programma di preparazione proprio della McLaren, e da lì cominciò la sua carriera nell'automobilismo, che è stata eccezionale fin da subito. In pochi anni vinse tutti i campionati a cui ha partecipato, fino a esordire, nel 2007, in Formula 1, proprio con la McLaren. Il suo arrivo fece molto scalpore: in Formula 1 non c'era mai stato un pilota nero, ma tutti sa-

pevano quel che Lewis era stato capace di fare in Formula Renault, in Formula 3 e in GP2, quindi c'era molta curiosità di vederlo in pista. E lui non si è fatto attendere: subito alla prima gara, in Australia, andò sul podio, arrivando terzo. E da lì vederlo tra i migliori fu un'abitudine. Lewis nel suo primo anno arrivò secondo nel campionato, e nella stagione successiva divenne Campione del Mondo. Tempo dopo cambiò scuderia, passando alla Mercedes e vinse tantissime gare, così da superare il suo idolo Ayrton Senna. Conquistò altri sei titoli mondiali, arrivando a eguagliare Michael Schumacher, fino a quel momento il pilota più vincente della storia, ma facendo addirittura meglio di lui quanto a Gran Premi vinti, cioè singole corse. È stato il primo a superare quota cento vittorie. Nel frattempo, per anni ha cercato di convincere le squadre e tutta l'organizzazione della Formula 1 ad assumere e a coinvolgere sempre più donne e uomini neri: una campagna che sta proseguendo ancora. Lo scorso anno, dopo tanto tempo, ha deciso di lasciare la Mercedes per correre finalmente con la Ferrari, come sognava quando era bambino.

10

OKSANA CHUSOVITINA

All'Olimpiade di Tokyo, quando sono terminate le qualificazioni del programma di ginnastica artistica, tutti si sono alzati in piedi per applaudire Oksana Chusovitina. Purtroppo, a causa della pandemia, in tribuna non c'era il pubblico. E così quel lungo applauso glielo hanno fatto le compagne, le avversarie, gli allenatori e i giudici. Non per il risultato che aveva ottenuto, ma per tutta la sua lunghissima e incredibile carriera.

Oksana è nata a Bukhara, in Uzbekistan, un paese dell'Asia centrale, negli anni in cui l'Uzbekistan faceva parte dell'Unione Sovietica. E lei, quando aveva appena 13 anni, è diventata Campionessa di tutta l'Unione Sovietica nel concorso generale di ginnastica. Una grande impresa, anche se, soprattutto a quei tempi, succedeva spesso che ragazzine giovanissime riuscissero a primeggiare nella ginnastica. Naturalmente è stata subito convocata in Nazionale e all'Olimpiade di Barcellona, nel 1992, quando aveva 17 anni, ha vinto la medaglia d'oro nel concorso a squadre. Nel frat-

tempo però l'Unione Sovietica si è dissolta: i tanti Paesi che la componevano sono tornati a essere indipendenti, non più uniti. Così Oksana ha cominciato a gareggiare per il suo Uzbekistan e ha partecipato all'Olimpiade di Atlanta. In Nazionale, ai Giochi asiatici, ha conosciuto un lottatore, Bukhodir Kurbanov, che è diventato suo marito. Nel 1999 hanno avuto un bimbo, Alisher. Molte ginnaste, dovendo lasciare gli allenamenti per parecchi mesi, quando diventano mamme si ritirano. Oksana no, appena ha potuto è tornata in pedana e pochi mesi dopo la nascita di Alisher ha partecipato all'Olimpiade di Sydney. Tutti giudicavano eccezionale la sua forza di volontà, e infatti il governo dell'Uzbekistan ha deciso di dedicarle un francobollo.
Solo che Alisher si è ammalato gravemente. Ginnasti, ginnaste e lottatori di tutto il mondo hanno fatto una raccolta fondi per aiutare Oksana e Bukhodir a curare il loro bambino. Con quei soldi la famiglia si è trasferita in Germania, dove potevano curarlo meglio. Alisher è rimasto a lungo in ospedale, dove per fortuna è andato migliorando. Oksana intanto ha continuato a gareggiare, e nel 2003 è diventata Campionessa del Mondo nel volteggio, una specialità della ginnastica nella quale si deve fare un gran salto. Poi Alisher è guarito e Oksana, per gratitudine verso il Paese che lo aveva salvato, è diventata cittadina tedesca e ha comincia-

to a gareggiare per la Germania. Ha così vinto altre medaglie agli Europei e ha preso parte a due Olimpiadi: quella di Pechino 2008, dove ha conquistato una stupefacente medaglia d'argento nel volteggio, e quella di Londra 2012. A quel punto tutti credevano che si sarebbe ritirata, e invece la passione per il suo sport l'ha spinta a continuare. Solo una cosa le restava ancora da fare: tornare a competere per l'Uzbekistan, il suo Paese d'origine. Così si è qualificata per l'Olimpiade di Rio e poi ancora per quella di Tokyo. Quando è andata in pedana aveva a quel punto 46 anni, un'età incredibile per uno sport come la ginnastica nel quale le campionesse sono quasi sempre ragazzine.

JURY CHECHI

11

JURY CHECHI

I suoi genitori gli hanno dato il nome del primo uomo che è andato nello spazio, il cosmonauta russo Gagarin. Un nome non tanto comune in Italia: Jury. E lui, Jury Chechi, nella sua carriera è riuscito a fare cose che nessun altro aveva mai fatto. Anche sua sorella ha un nome russo, Tania, ed è stata lei la prima in famiglia a darsi alla ginnastica. Jury l'ha imitata, e ben presto tutti hanno capito che era un piccolo prodigio. A 8 anni primeggiava in Toscana, la sua regione, e a 15 ha preso una decisione molto difficile: lasciare la famiglia, a Prato, per trasferirsi a Varese, dove c'era una società di ginnastica molto importante in cui avrebbe potuto allenarsi e studiare al meglio.

La ginnastica comprende diverse specialità; Jury era bravo in tutte, e in una era addirittura eccezionale: gli anelli. Si tratta di un attrezzo per il quale occorre una forza enorme, perché si sta aggrappati con le mani e si effettuano piroette – particolari figure e verticali – sorreggendosi solo con le braccia. Jury in questo era bravissimo, tanto che a

21 anni diventò Campione d'Europa. Ormai l'Olimpiade di Barcellona si stava avvicinando, e lui era il grande favorito in quella specialità della ginnastica. Solo che poche settimane prima, in allenamento, si era infortunato rompendosi il tendine d'Achille, che collega il piede con la gamba, sopra il tallone. Era un infortunio grave, che richiedeva tanto tempo per guarire, quindi addio Olimpiade di Barcellona. Le Olimpiadi sono il traguardo più importante per un atleta, e Jury avrebbe dovuto aspettare altri quattro anni per potervi partecipare, senza nemmeno sapere se sarebbe tornato bravo e forte come prima.

E allora ha ripreso ad allenarsi ancora più duramente. Nel 1993, nel 1994 e nel 1995 è diventato per tre volte di fila Campione del Mondo, e l'anno successivo, finalmente, ha partecipato all'Olimpiade di Atlanta, negli Stati Uniti. Quando è arrivato il momento dell'esercizio, mentre stava aggrappato agli anelli con tutta la forza che aveva, ha fatto un gran sorriso, perché aveva capito di aver eseguito la prestazione più bella di tutte. E infatti ha vinto la medaglia d'oro, premio alla sua pazienza e alla sua forza di volontà.

Nello stesso anno e ancora nel 1997 si è confermato Campione del Mondo. Nessuno, in tutta la storia della ginnastica, aveva mai vinto cinque Mondiali consecutivi nella stessa specialità. A quel punto aveva 28 anni e ha deciso di ritirarsi. Solo che qualche anno più tardi il suo papà si è ammalato, così Jury gli ha fatto una promessa: se desideri rivedermi ancora una volta sugli anelli, torno a gareggiare. Il padre è per fortuna guarito, e intanto Jury aveva ripreso l'attività, qualificandosi per un'altra Olimpiade, quella di Sydney del 2000. E là, a 31 anni, un'età molto alta per un ginnasta, Jury Chechi, che non avrebbe nemmeno dovuto esserci, ha vinto la medaglia di bronzo.

ALFONSINA STRADA

12

ALFONSINA STRADA

Quando Alfonsina aveva 10 anni suo papà portò a casa una vecchia bicicletta. Era malandata ma funzionava, e Alfonsina se ne innamorò. Le piaceva tantissimo andarci più veloce che poteva lungo le strade della campagna nei dintorni di Bologna. E quando in zona passava una corsa ciclistica lei era sempre presente, tanto che a 14 anni ha cominciato a partecipare anche lei, alle corse. Solo che doveva andarci di nascosto, perché i suoi genitori non le avrebbero mai dato il permesso. Spesso si svolgevano la domenica mattina e così in casa raccontava che andava a messa. A quei tempi infatti, attorno al 1905, le ragazze non disputavano le gare in bicicletta, ma Alfonsina non voleva rinunciarci, anche a costo di travestirsi da ragazzo. Durante una corsa a Reggio Emilia si è piazzata tra i primi corridori, e come premio le hanno dato un maiale: vivo! Un giorno, come era inevitabile, la madre ha scoperto che partecipava a gare di bicicletta, e non l'ha presa bene: le ha addirittura ordinato di andarsene da casa. Alfonsina

ha così cominciato a frequentare spesso la città di Torino, dove c'erano altre donne cicliste. Ed è lì che ha stabilito il record mondiale di velocità grazie al quale è stata invitata a gareggiare in Francia e in Russia. A 24 anni Alfonsina ha sposato Luigi Strada, usando da quel momento il cognome del marito con il quale è poi diventata famosa.
Luigi era contento della passione della moglie e l'ha sempre incoraggiata, regalandole una bicicletta nuova. Con quella, nel 1917 si è presentata alla «Gazzetta dello Sport», il quotidiano sportivo che allora come oggi organizza il Giro d'Italia e il Giro di Lombardia. Alfonsina voleva partecipare proprio al Lombardia: il regolamento non lo vietava, ma nessuna donna fino a quel momento aveva preso parte a quella corsa. La «Gazzetta» le ha dato il permesso e lei si è così presentata alla partenza, unica donna contro quarantasette uomini. È arrivata ultima, ma Costante Girardengo, uno dei grandi campioni di quell'epoca, le ha fatto i complimenti. L'anno successivo Alfonsina ha partecipato ancora al Lombardia, migliorando il suo risultato perché ha terminato la corsa al penultimo posto. Pochi anni dopo suo marito si è ammalato ed è stato ricoverato in ospedale. Lei lavorava, faceva la sarta, ma guadagnava molto poco. E allora, a 33 anni, ha chiesto di nuovo alla «Gazzetta dello Sport» di poter partecipare a una corsa, la più importante

di tutte: il Giro d'Italia. Gli appassionati di ciclismo si sono divisi: alcuni erano favorevoli, molti contrari, qualcuno addirittura scandalizzato. «Vi farò vedere io se le donne non sanno stare in bicicletta come gli uomini», rispondeva loro Alfonsina. La «Gazzetta» ha detto sì anche quella volta e Alfonsina ha così partecipato. Quasi tutte le tappe le ha concluse all'ultimo posto, spesso finendo molto tempo dopo il vincitore di giornata. Però è sempre arrivata al traguardo anche nelle tappe più lunghe e difficili, compresa quella, durissima, da Bologna a Fiume di ben 415 chilometri. E ogni volta centinaia di persone restavano ad aspettarla al traguardo, anche per ore. Per applaudirla e per farle regali, felici di vedere una donna ciclista. L'unica, in tutta la storia, ad aver corso il Giro d'Italia insieme agli uomini.

ALEX ZANARDI

13

ALEX ZANARDI

Alex Zanardi da bambino era molto spericolato. Nel suo paese, Castel Maggiore, vicino a Bologna, faceva gare con gli amici fingendo che la sua bicicletta fosse una moto. Quando ha compiuto 14 anni il suo papà, Dino, gli ha regalato un kart, con cui Alex ha cominciato subito a gareggiare. Anche se non aveva abbastanza soldi per permettersi un kart sempre all'altezza di quelli dei suoi avversari, Alex vinceva spesso. Per due volte è stato Campione d'Italia, e grazie a quei titoli ha potuto cominciare la sua carriera nell'automobilismo. È passato attraverso le varie categorie finché nel 1991, a 25 anni, è arrivato in Formula 1.

Purtroppo però, in tre anni e mezzo non ha ottenuto i risultati che sperava. Così nel 1995 ha accettato di andare a gareggiare nel Cart, un campionato americano, e lì ha potuto finalmente far vedere quanto valeva. Il primo anno ha vinto tre gare, finendo al 3° posto in classifica generale. E poi si è scatenato: nel 1996 e nel 1997 ha conquistato

il campionato. Nessun italiano ce l'aveva mai fatta, era diventato un eroe delle corse negli Stati Uniti. Tre anni dopo però, durante una gara dello stesso campionato, ha avuto un incidente terribile. La sua macchina si è spezzata in due e Alex ha rischiato di morire. Ma ce l'ha fatta, i dottori sono riusciti a salvarlo anche se hanno dovuto amputargli le gambe. «Non ho mai pensato a quello che mi manca, ma a quello che mi è rimasto», diceva a tutti quelli che andavano a trovarlo. Alex non si è così scoraggiato. Anzi, spesso ha scherzato sul fatto di non avere più le gambe, sostituite da due protesi. In una famosa trasmissione americana ha detto all'intervistatore: «Ci sono anche dei vantaggi, per esempio non mi puzzano mai i piedi».
Ma soprattutto non si è dato per vinto e ha cominciato a praticare anche l'handbike, uno sport in cui si usa una bicicletta speciale, perché si pedala con le mani. È una specialità presente alle Paralimpiadi che Alex naturalmente non aveva nemmeno mai provato, ma in pochi anni ne è diventato un fuoriclasse. Nel 2011 ha partecipato al Mondiale ed è arrivato secondo, l'anno seguente ha conquistato due medaglie d'oro e una d'argento alle Paralimpiadi di Londra; esattamente lo stesso bottino ottenuto anche quattro anni dopo, alla Paralimpiade di Rio de Janeiro. Un campione di automobilismo è diventato il miglior atleta della handbike

al mondo, dimostrando che anche nelle più grandi difficoltà non ci si deve arrendere, ma anzi bisogna trovare l'opportunità per iniziare una nuova vita. Purtroppo, tuttavia, nel corso di una gara di handbike ha avuto un altro bruttissimo incidente. Per molti mesi è stato ricoverato in ospedale, e ancora oggi sta cercando di riprendersi. Tutti speriamo di rivederlo presto sorridente come è sempre stato dopo ogni difficoltà.

14

GIGI RIVA

Gigi Riva è nato sul Lago Maggiore, mentre l'Italia era in guerra, in una famiglia molto povera. Quando aveva solo 8 anni il suo papà, Ugo, è morto in un incidente mentre lavorava e la mamma è stata costretta a mandarlo in un orfanotrofio, «dove ero molto triste,» ha raccontato lui anni dopo «perché tanti mi umiliavano e mi prendevano in giro per la mia povertà». Poco dopo però anche la mamma di Gigi, la signora Edis, si è ammalata ed è morta. Così a crescerlo è stata sua sorella Fausta, più grande di sei anni, che è stata per lui una seconda madre. Gigi era molto bravo a giocare a calcio, aveva un tiro formidabile. Dalla squadretta del suo paese, Leggiuno, è passato al Legnano e a 17 anni ha debuttato in serie C. Anche se era un campionato piuttosto importante, non si guadagnava abbastanza per vivere, così Gigi, tra un allenamento e l'altro, lavorava nella fabbrica di ascensori del presidente del Legnano. In quegli anni il Cagliari giocava in serie B, e siccome spostarsi dalla Sardegna per le trasferte era molto costoso, la squadra disputava sempre due partite consecutive fuori casa, così riduceva i viaggi. Tra una partita e l'altra al Nord, il Cagliari si fermava a Legnano, dove i suoi dirigenti videro giocare Gigi e decisero di ingaggiarlo. All'inizio lui aveva però molti dubbi: Cagliari era lontana, gli sembrava proprio un altro mondo, su un'isola, la Sardegna... E poi non voleva stare lontano da sua sorella. Ma alla fine si fece convincere e si trasferì là per giocare nel campionato di serie B. Grazie anche ai suoi gol, il Cagliari venne promosso nella massima categoria e così nel 1964, a 19 anni, Gigi Riva debuttò in serie A. Pochi mesi dopo giocò anche la sua prima partita in Nazionale! Con il suo Cagliari è stato per tre anni di fila capocannoniere, cioè il giocatore che ha segnato più gol della serie A, e nel 1970 vinse anche lo scudetto. In tanti anni di storia il Cagliari non ce l'aveva mai fatta, né ci è più riuscito dopo. Insomma: fu un evento sportivo storico. Il famoso giornalista sportivo Gianni Brera aveva trovato un bel soprannome per Gigi, lo chiamava «Rombo di tuono» per la potenza dei suoi tiri. Con la Nazionale, intanto, Gigi aveva vinto il campionato europeo del 1968 e sfiorò il Mondiale due anni dopo: in Messico nel 1970 l'Italia arrivò infatti seconda. Con la maglia azzurra Gigi Riva ha segnato 35 gol, ancora oggi il record della Nazionale. Ovvio che a quel punto tutte le squadre più ricche lo volessero: la Juventus provò a lungo a prenderlo, arrivò anche a offrirgli un miliardo di lire, che all'epoca era un mucchio di soldi. Ma Riva ormai era innamorato di Cagliari e della Sardegna e disse che andandosene avrebbe dato un dispiacere a chi in quegli anni gli aveva voluto bene. Era l'attaccante più forte della Nazionale, avrebbe potuto vincere molti più scudetti e coppe con club più importanti ma decise di restare a Cagliari per il resto della sua carriera, tenendo così fede alla promessa fatta agli amici sardi. «Non li potevo tradire», ha sempre detto.

15

MICHAEL PHELPS

Già alla nascita Michael Phelps era un bambino molto grande, con gambe e soprattutto braccia assai lunghe. E fin dai tempi dell'asilo era anche molto vivace: le sue maestre dicevano che in classe non stava mai fermo, che correva e faceva sempre una gran confusione. Quando Michael frequentava le scuole elementari, alla sua mamma dissero che il figlio soffriva di disturbo da deficit dell'attenzione e iperattività, cioè che la sua vivacità era eccessiva anche per un bambino della sua età e non gli permetteva di porre la giusta attenzione sullo studio e in generale sulle attività scolastiche. Un'insegnante in particolare arrivò ad affermare che era troppo immaturo e che non sarebbe mai stato in grado di concentrarsi su nulla.

La mamma di Michael, che si chiama Debbie ed era a sua volta insegnante e preside di una scuola, vedeva che il figlio era abile in tutte le attività pratiche ma che non amava per niente leggere. Allora ogni giorno gli comprava il quotidia-

MICHAEL PHELPS

no della loro città, il «Baltimore Sun», e gli suggeriva di dare almeno un'occhiata agli articoli sugli Orioles e i Ravens, le locali squadre di baseball e football. Intanto però a scuola Michael continuava ad avere difficoltà e a essere molto agitato. Come se non bastasse, certi compagni lo prendevano in giro per il suo aspetto, per il modo goffo, buffo, in cui correva e per le braccia lunghe.

Così un giorno, mentre si trovavano sullo scuolabus, Michael, stanco di quei continui episodi, picchiò uno di loro e venne per questo punito. A lungo ha dovuto anche prendere un farmaco, una medicina che serviva a calmare e tenere sotto controllo la sua iperattività.

Michael ha due sorelle più grandi, tutte e due nuotatrici: Whitney, medaglia d'argento ai Mondiali del 1994 in Italia, e Hilary. E così anche lui fu presto mandato in piscina, peccato che non volesse saperne di mettere la testa sott'acqua! Per le prime settimane ha nuotato solo a dorso, poi per fortuna l'hanno convinto a provare anche gli altri stili.

In poco tempo divenne chiaro che aveva un gran talento e fu così spedito dritto da Bob Bowen, il miglior allenatore della zona. Bob lo convinse a lasciar perdere gli altri sport che praticava a scuola per concentrarsi solo sul nuoto, anche perché questo lo aiutava molto con i suoi problemi di iperattività. Quando Michael aveva solo 11 anni, Bowen aveva già previsto per lui un futuro di record e medaglie. A 12, per ottenere quei risultati e per essere un po' più tranquillo in classe, si allenava due volte al giorno: una tra le 6.30 e le 8 del mattino, prima di andare a scuola, e poi ancora al pomeriggio, per due ore. A soli 15 anni si è qualificato per gareggiare in diverse specialità all'Olimpiade di Sydney del 2000: era dal 1932 che gli Stati Uniti non portavano ai Giochi un nuotatore tanto giovane. In quell'occasione non ha vinto medaglie, ma tanti hanno visto in lui il campione che sarebbe poi diventato.

E infatti quattro anni dopo, ad Atene, di medaglie ne ha conquistate ben otto, di cui sei d'oro: aveva solo 19 anni. Nel 2008, a Pechino, il suo obiettivo era superare il record ritenuto insuperabile, quello di Mark Spitz, che a Monaco 1972 aveva vinto sette ori. E ce l'ha fatta: ha partecipato a otto gare, cinque individuali e tre staffette, e le ha vinte tutte! Altre sei (di cui quattro d'oro) sono arrivate a Londra 2012, mentre quattro anni più tardi, all'Olimpiade di Rio de Janeiro, ne ha ottenute cinque d'oro e una d'argento.

Dopodiché ha dichiarato: «Il mio corpo ha dato tutto», e all'età di 31 anni si è ritirato. Con ventotto medaglie, di cui ventitré d'oro, tre d'argento e due di bronzo, il ragazzo che secondo le maestre «non avrebbe mai potuto concentrarsi su nulla», che i compagni prendevano in giro e che aveva paura a mettere la testa sott'acqua, è diventato l'atleta più vincente della storia delle Olimpiadi. Non solo nel nuoto, ma in tutti gli sport.

24
EDDIE "THE EAGLE"
EDWARDS

16

EDDIE "THE EAGLE" EDWARDS

Da bambino, a Gloucester, in Inghilterra, Eddie Edwards giocava a calcio. A 12 anni però si è ferito a un ginocchio e per un po' ha dovuto smettere. Nel frattempo, su una collina vicina a casa, ha imparato a sciare. Quando aveva 14 anni la sua scuola organizzò una settimana bianca in Italia, ad Andalo, e dopo quella bella esperienza Eddie decise: «Da grande voglio andare all'Olimpiade». In Inghilterra non ci sono vere montagne, e dunque non c'è la tradizione dello sci. Eppure lui non si lasciò scoraggiare e cercò di qualificarsi per i Giochi invernali di Sarajevo, nel 1984, purtroppo senza riuscirci. Tanti altri, al suo posto, si sarebbero arresi. Eddie però decise di fare una cosa ancora più strana e difficile, cioè scelse di dedicarsi a una disciplina che non aveva mai provato: il salto con gli sci. Era uno sport che nessun altro inglese praticava, così pensò di avere qualche possibilità in più. I trampolini del salto con gli sci sono molto alti, scendere da lassù e volare tanto in alto è pericoloso.

E in più Eddie aveva seri problemi di vista, portava gli occhiali che spesso col freddo si appannavano. Ma lui non aveva paura e continuava a credere di poter far bene in quello sport. Così, nel 1985, si trasferì in America, a Lake Placid, perché lì c'era un trampolino e quindi si poteva allenare. Per mantenersi e per comprarsi gli sci lavorava come stuccatore e come spalatore di neve. Piano piano riuscì a iscriversi alle gare di Coppa del Mondo, dove però arrivava sempre ultimo... Nel 1987, in una gara in Norvegia, per la prima volta si classificò penultimo. E così, con qualche punto raccolto qua e là, poté qualificarsi per l'Olimpiade di Calgary del 1988. Finalmente aveva coronato il suo sogno! Nel mondo del salto tutti lo conoscevano, ed era simpatico a molti.

Quando arrivò in Canada alcuni tifosi lo accolsero con uno striscione in cui era scritto: Benvenuto Eddie The Eagle. Da allora quello è diventato il suo soprannome, e poi anche il titolo del film che nel 2016 è stato girato sulla sua storia: *Eddie the Eagle* (Eddie l'Aquila). A Calgary si presentò con la vecchia attrezzatura che si era comprato con i suoi soldi. La Nazionale austriaca gli regalò degli sci nuovi, l'Italia un casco. Sopra gli occhiali indossava dei buffi occhialoni rosa. Il salto ha due specialità, a seconda dell'altezza del trampolino: il K70 e il K90. Nel K70 Eddie arrivò 58°: ultimo. Nel K90 chiuse al 55° posto, l'ultimo anche in quel caso. Ma aveva comunque partecipato e realizzato il suo sogno di ragazzo, e con i giornalisti, scherzosamente, commentò: «Mi piacerebbe dire che ho volato come un'aquila, ma probabilmente ero più simile a uno struzzo».

DICK FOSBURY

17

DICK FOSBURY

Fin dalle scuole medie l'americano Dick Fosbury praticava il salto in alto. Gli allenatori, vedendo la sua statura e la potenza delle sue gambe, dicevano che avrebbe avuto buone possibilità di successo in quella disciplina. Ma i risultati stentavano ad arrivare. Erano gli anni Cinquanta e fino a poco prima il salto in alto si praticava come una sforbiciata: l'atleta arrivava vicino all'asticella, buttava una gamba più in alto che poteva e faceva poi seguire l'altra, nel tentativo di superarla anche con quella. Da un po' di tempo invece i saltatori stavano imparando una nuova tecnica, che si chiamava «ventrale»: era una specie di tuffo, con l'addome - cioè pancia e petto - che doveva sorvolare l'asticella. Dick faticava a coordinarsi per fare quel tipo di movimento: al secondo anno di superiori non era riuscito a superare la misura di 1 metro e 52, il minimo richiesto per accedere ai campionati dello Stato dell'Oregon, dove viveva. Forse un altro al posto suo si sarebbe arreso, Dick invece iniziò a pensare a qualcosa che nessuno aveva mai visto.

In fondo il regolamento del salto in alto non diceva come uno atleta doveva superare l'asticella: l'unica cosa richiesta era che lo facesse con la sola forza del proprio corpo.
Allora, capendo che si sarebbe trovato meglio saltando in modo diverso da tutti gli altri, inventò un nuovo stile. Arrivava sotto l'asticella correndo più velocemente possibile e dandole la schiena, poi buttava in alto un braccio e cercava di superarla con la testa. A quel punto raccoglieva i piedi in alto prima che poteva, per completare il salto. Nessuno aveva mai visto fin a quel momento una cosa del genere.
Molti lo prendevano in giro, altri gli dicevano che presto o tardi, con quel metodo di salto, si sarebbe fatto male. E infatti attorno ai 18 anni si è davvero infortunato alla schiena, ma è comunque andato avanti e alla fine delle scuole superiori era riuscito a saltare la misura di 1 metro e 91.
Quando è arrivato al college attorno a lui c'era tantissima curiosità. Per tutto il primo anno un allenatore cercò di convincerlo a lasciare stare, a cambiare tecnica. Ma quando, nella seconda stagione delle competizioni, Dick ha saltato 2 metri e 08, nuovo record del college, nessuno lo ha più contraddetto. I giornali iniziarono a scrivere del suo modo di saltare, così originale. Un cronista lo definì «un pesce che guizza su una barca», ma Dick non se la prese. Anzi, con gran senso dell'umorismo dette un nome a quel suo

stile unico: lo chiamò «Fosbury flop», un gioco di parole con il suo cognome e con la parola *flop* che in inglese significa sia «caduta» sia «fallimento».

Solo che non fu per niente un fallimento. Dick continuò ad allenarsi, a provare e riprovare come cambiare in meglio ogni singolo movimento. E andava sempre più su, nel senso che i suoi salti miglioravano di continuo. Così nel 1968 vinse il campionato universitario degli Stati Uniti e poi si è qualificò per l'Olimpiade, che quell'anno si svolgeva a Città del Messico. Gli atleti di altri Paesi avevano sentito parlare di lui, ma quando lo videro fare quello strano salto non riuscivano comunque a crederci. Quel giorno saltò 2 metri e 24 e vinse la medaglia d'oro. «Credo che il mio *flop* sia uno stile naturale e che io sia stato solamente il primo a scoprirlo», commentò. Da allora, tutti i saltatori in alto del mondo adottano la sua tecnica.

18

JACK SINTINI

Il protagonista di questa storia si chiama Giacomo, ma tutti lo chiamano Jack. Jack Sintini. Nel giugno del 2011 si era accordato per andare a giocare in Polonia, in una squadra dal nome per noi difficilissimo: Jastrzębski Węgiel. Ma pochi giorni prima di partire ha scoperto di avere una brutta malattia: un tumore. Quando ha saputo di essere malato aveva 32 anni ed era un campione di pallavolo. Il suo ruolo era palleggiatore: alzava cioè i palloni agli attaccanti. Era stato nella Nazionale italiana che aveva vinto il campionato europeo a Roma. E nel 2006 aveva portato la sua squadra, la Lube Macerata, a conquistare il primo scudetto. Aveva giocato anche nel campionato russo, nel Belgorod.
In quei giorni del 2011, per colpa della malattia è stato tante settimane in ospedale, ha avuto paura di morire. Poi, per fortuna e per bravura dei medici, piano piano si è ripreso. Qualche mese dopo le sue condizioni sono migliorate, ma non era ancora in grado di giocare. Eppure l'allenatore dell'Italia, Mauro Berruto, lo ha convocato: per fare capire a

lui e a tutti che la Nazionale ha un valore e un significato più importanti di un risultato, di una vittoria o di una sconfitta. Jack si è aggregato al gruppo, solo per dare una mano. A settembre 2012 non era ancora davvero pronto per giocare, ma la squadra del Trento ha fatto come l'Italia, lo ha ingaggiato. Jack per tutto l'anno è rimasto nel ruolo di secondo palleggiatore, cioè di riserva. Trento ha disputato una bellissima stagione, è arrivata in finale scudetto contro Piacenza. La finale è al meglio delle 5 partite, cioè la squadra che ne vince 3 è campione. Trento e Piacenza sono arrivate a due gare vinte per ciascuna, e quindi sono andate «alla bella», a gara 5. Solo che il palleggiatore titolare di Trento, il brasiliano Raphael de Oliveira, si è infortunato a una mano. «È stato il destino», ha detto arrabbiato, ma anche felice, perché sapeva che sarebbe arrivato il momento del suo amico. Il momento di Jack. Che è tornato finalmente titolare nella partita più importante di tutte, quella decisiva. E l'ha giocata benissimo: Trento ha vinto 3-2, ha conquistato lo scudetto. E lui è stato votato miglior giocatore. «La vita è bellissima», ha detto quel giorno. Due anni dopo ha scritto un libro per raccontare la sua storia, si intitola *Forza e coraggio*. E ha fondato l'Associazione Giacomo Sintini per raccogliere fondi e aiutare tutti quelli che si ammalano della sua stessa malattia.

19

SMITH & CARLOS

All'Olimpiade di Città del Messico del 1968, Tommie Smith e John Carlos non erano del tutto contenti. Erano tra i favoriti per la gara dei 200 metri, e ovviamente riuscire a vincerla era il loro sogno più grande.

Ma quello era un brutto periodo negli Stati Uniti per i neri, che avevano fatto molte rivolte per ottenere gli stessi diritti dei bianchi. Gli uomini e le donne afroamericani dovevano accontentarsi quasi sempre di lavori più umili rispetto a loro, non potevano mandare i figli all'università, spesso capitava che venissero accusati ingiustamente di aver commesso dei reati.

Era una brutta situazione che durava da tanti anni e in molti avevano quindi deciso di ribellarsi. Il loro rappresentante politico più importante, Martin Luther King, era stato ucciso pochi mesi prima, così Tommie e John decisero che all'Olimpiade avrebbero protestato. Arrivò finalmente il giorno della gara dei 200 metri, che Tommie vinse sta-

bilendo anche il record del mondo. John arrivò terzo. In mezzo a loro, al secondo posto, si piazzò un atleta australiano, Peter Norman.
La situazione era quindi perfetta per una protesta contro tutte le ingiustizie che i neri erano costretti a sopportare. Tommie e John volevano farla sul podio, nel momento in cui tutto il mondo li avrebbe guardati. Per l'idea che avevano in testa servivano due paia di guanti neri, ma John aveva dimenticato in hotel i suoi. Così indossarono quelli di Tommie, uno per ciascuno, Smith alla mano destra, Carlos alla sinistra. Tutti e due si misero sulla tuta anche una spilla, simbolo della richiesta di avere identici diritti civili, e una uguale la diedero a Norman, che voleva essere solidale con la loro protesta. John indossava anche una collana di perline con scritto: In memoria di tutti i neri uccisi perché accusati di reati che non hanno commesso.
Quando arrivarono al podio, tutti videro che Tommie e John non indossavano le scarpe. Avevano solo le calze, nere. «Per rappresentare la povertà dei neri d'America», dissero. E al momento dell'inno alzarono tutti e due al cielo la mano con il guanto chiuso a pugno. Negli anni successivi i due americani ricevettero molte critiche nel loro Paese, e subirono persino minacce di morte. E anche Norman, in Australia, dovette affrontare giudizi molto negati-

vi, solo per aver indossato una spilla. Ma adesso tutti e tre sono considerati eroi di una protesta sacrosanta e la foto di Tommie e John coi pugni alzati è una delle più famose della storia dello sport. Un'immagine che resterà per sempre nella memoria di tutti.

20

NICCOLÒ CAMPRIANI

Un giorno, quando aveva 12 anni e si trovava in campagna col papà, in Toscana, Niccolò Campriani ha provato il tiro a segno, la prima volta con una pistola. Gli è piaciuto molto, ma è durata poco perché presto ha scoperto la carabina. Si è capito fin da subito che Niccolò aveva talento, ma altrettanto in fretta lui ha scoperto che «il tiro a segno è uno sport feroce, divora e distrugge esistenze intere». Sono parole sue, che descrivono molto di come sono andate le cose nella sua carriera. Una carriera certamente prodigiosa, ma anche travagliata. A 18 anni si è qualificato per l'Olimpiade di Pechino del 2008: la gara stava andando benissimo, fino a quando si è arrivati all'ultimo tiro. È una cosa che succede spesso, nel tiro a segno: all'ultimo tiro si rischia di rovinare tutto e la tensione diventa perciò altissima, concentrarsi al punto di non sbagliare è quasi impossibile. Per questo si dice che il tiro sia una grande scuola: perché insegna a controllare se stessi quando si è sotto pressione, e a migliorarsi.

NICCOLÒ CAMPRIANI

Quel giorno a Pechino Niccolò ottenne un punteggio molto basso all'ultimo tiro, e terminò la gara solo 12°. Da lì però la sua carriera è cambiata. Ha continuato a studiare, perché ha sempre detto che lo sport non era tutta la sua vita, e si è iscritto all'università negli Stati Uniti. Sempre però allenandosi ogni giorno, e questo gli ha permesso di diventare prima Campione d'Europa e poi anche Campione del Mondo. All'Olimpiade del 2012 a Londra ha avuto la grande occasione per rifarsi. Tutto il lavoro fatto su se stesso aveva dato i suoi frutti. «Ho imparato ad accettare le mie imperfezioni, i miei limiti», ha scritto nella sua biografia. E dunque anche gli errori.
È così che a Londra ha conquistato la medaglia d'oro nella carabina a tre posizioni e d'argento in quella a 10 metri. Dopodiché ha ripreso a studiare ed è diventato ingegnere, e dopo la laurea ha continuato ancora, frequentando un master in Inghilterra, cioè un corso di studi per specializzarsi ancora di più nella sua materia. A Rio, all'Olimpiade del 2016, è stato eccezionale: di nuovo oro nella carabina a tre posizioni e questa volta anche in quella a 10 metri. «Ma la seconda sarebbe dovuta essere d'argento,» ha sempre detto lui «perché è arrivata per un errore di un avversario», cioè il suo amico russo Sergey Kamensky. Niccolò è così diventato uno degli atleti italiani più medagliati di sempre

ai Giochi. Aveva solo 28 anni e avrebbe potuto continuare per molto tempo ancora, visto che la carabina è uno sport che si può praticare a lungo. Avrebbe quindi potuto aspirare a diventare il più vincente di tutti, e invece ha smesso. Ricordate quel che diceva? «Lo sport non è tutto», e allora ha cominciato ad aiutare atleti più sfortunati di lui. Si è impegnato per portare una novità alle Olimpiadi: la Squadra Olimpica dei Rifugiati, cioè una squadra composta da atleti costretti a fuggire dai loro Paesi a causa di guerre, ingiustizie subite o perché vittime di pesanti discriminazioni. Niccolò si è dato da fare per molti di loro affinché potessero praticare vari sport anche lontano dai loro Paesi d'origine e potessero arrivare a disputare i Giochi olimpici. Intanto, diventava anche un allenatore di carabina. Un enorme successo lo ha per esempio ottenuto quando è riuscito a far qualificare Luna Solomon, una tiratrice dell'Eritrea, sia per l'Olimpiade di Tokyo 2020 sia per l'ultima, quella di Parigi 2024. Adesso Niccolò lavora attivamente all'organizzazione della prossima Olimpiade, che si terrà a Los Angeles nel 2028.

21

JAROMIR JAGR

Jaromir Jagr sta ancora giocando a hockey su ghiaccio. «Sono un po' lento,» dice sempre «ma anche forte, garantisco esperienza.» Su questo non ci sono dubbi: perché Jagr ha 53 anni, eppure è ancora in campo. Gioca nel Rytiri, il club della sua città, che si chiama Kladno ed è in Repubblica Ceca. Jagr ha cominciato lì, quando era bambino.

A 16 anni ha debuttato in prima squadra e a 17 è arrivato in Nazionale, il più giovane di sempre. Sono passati 37 anni e lui continua a giocare a hockey, anche se non è più titolare. È voluto tornare perché quella è la sua casa, la città dove è cresciuto e dove ci sono tutti gli amici di quando era ragazzino.

Jagr è stato uno dei più bravi giocatori del mondo e in tutta la carriera ha guadagnato molti milioni. Dal Rytiri se n'è andato quando aveva 18 anni, per giocare in America, nei Pittsburgh Penguins, con i quali ha vinto due Stanley Cup, cioè due scudetti. Poi di squadre ne ha cambiate tante: è stato a Washington, New York, Philadelphia, Dallas, Boston... E ha fatto anche delle scelte strane come andare in un club del campionato russo, nella città di Omsk, in Siberia. Proprio lì è stato testimone di una disgrazia in campo: durante una partita lui e il suo compagno Alexei Cherepanov sono tornati in panchina, dopo una bella azione. Erano contenti. Alexei però si è sentito male, a un tratto non parlava più. Jaromir ha chiamato il medico della squadra, ma non c'è stato nulla da fare, il suo compagno è morto. Una tragedia che lo ha molto segnato.

Nel 2011 è tornato negli Stati Uniti, e poi è stato in Canada, a Calgary, fino al 2018. Nell'hockey non si contano solo i gol, come nel calcio, ma anche gli assist. Entrambi, gol e assist, sono chiamati «punti». Di punti nella sua carriera Jagr ne ha fatti 1921, secondo di tutta la storia della NHL (National Hockey League), il campionato americano. Solo Wayne Gretzky ne ha ottenuti più di lui. E intanto, in tutti quegli anni, con la Nazionale della Repubblica Ceca ha conquistato la medaglia d'oro all'Olimpiade di Nagano del 1998, il bronzo a quella di Torino del 2006 e ha vinto due Mondiali.

In ogni squadra in cui ha giocato ha sempre avuto il numero il 68 per ricordare suo nonno che si chiamava come lui, Jaromir. Nonno Jaromir è morto in carcere, imprigionato durante la rivolta per la libertà del suo Paese chiamata «Primavera di Praga», avvenuta nel 1968. Jagr, nato quattro anni dopo, non lo ha mai conosciuto, ma per tutta la carriera, con il 68, lo ha fatto giocare e vincere con lui. E continua a farlo.

22

ROBERTO CLEMENTE

Roberto Clemente è nato a Portorico e lì ha imparato a giocare a baseball da Pedrìn Zorrilla, un uomo famoso in tutta l'isola perché tra i più bravi allenatori per bambini, e ancora di più per la sua bontà d'animo e i modi gentili. Per Roberto è stato un esempio quando, a 20 anni, nel 1955, è stato ingaggiato dai Pittsburgh Pirates e ha portato con sé tutti i suoi insegnamenti, quelli di vita prima di tutto. Con i Pirates ha giocato per tutta la carriera. Che fosse bravissimo lo hanno capito subito tutti. Solo che Roberto, cresciuto parlando lo spagnolo, aveva molta difficoltà con l'inglese, per questo motivo i primi campionati per lui sono stati duri. Negli anni però è diventato un leader, il più stimato e amato dai suoi compagni, soprattutto dai giovani, uno in particolare: Manny Sanguillen, che veniva da Panama e aveva i suoi stessi problemi con l'inglese. Anche grazie a Clemente, dopo 35 anni di attesa, nel 1960 la squadra di Pittsburgh ha vinto le World Series, cioè «lo scudetto» degli Stati Uniti. E poi ancora 11 anni dopo, nel

1971. Roberto è stato una volta miglior giocatore del campionato e quattro volte miglior battitore. Insomma, era un campione.

Nell'ottobre 1972 è andato al Mondiale in Nicaragua con Portorico. Quel campionato però era riservato ai dilettanti, e quindi lui, professionista, non poteva giocare. Ma pur di esserci per la sua Nazionale ha fatto l'allenatore. Due mesi dopo la fine del Mondiale proprio il Nicaragua è stato distrutto da un tremendo terremoto. Roberto era disperato pensando a tutte le persone che aveva conosciuto laggiù. E allora ha deciso di comprare quintali di cibo e medicine e noleggiare un aereo per soccorrerli. Ma l'aereo è precipitato in mare. Roberto è morto così, tentando di aiutare gli altri. Nel giorno del suo funerale, mentre i suoi compagni lo ricordavano, Sanguillen era nel mare dove è caduto l'aereo, a fare immersioni per cercare il corpo del suo amico. Che però non è mai più stato trovato. Oggi il 21, il numero sulla maglia di Clemente, non può più essere usato da nessun giocatore dei Pirates, in sua memoria. Ed è in corso il processo di canonizzazione: Roberto Clemente potrebbe diventare santo.

ZAHRA NEMATI

23

ZAHRA NEMATI

Da ragazzina Zahra Nemati aveva un sogno: andare all'Olimpiade. Così si impegnava molto nel suo sport, il taekwondo, un'arte marziale coreana di cui era diventata cintura nera. Zahra viveva a Kerman, una città dell'Iran, e nel 2003, quando aveva 18 anni, è stata vittima di un terribile incidente d'auto. È sopravvissuta, ma da quel giorno non ha mai più potuto camminare.
Eppure non si è persa d'animo, e invece di disperarsi ha deciso che, anche se costretta su una carrozzina, non avrebbe rinunciato al suo sogno. Nel 2006 ha capito che per continuare la carriera da sportiva avrebbe potuto provare il tiro con l'arco. Dopo soli sei mesi di allenamenti ha partecipato al campionato nazionale, contro atlete che tiravano stando in piedi, ed è arrivata terza. Una nuova carriera era pronta per lei. Con un risultato così prestigioso e sorprendente si è guadagnata la possibilità di entrare nella Nazionale paralimpica. E alle Paralimpiadi di Londra del 2012 ha vinto la medaglia d'oro. Nessuna donna iraniana l'aveva mai con-

quistata, né alle Olimpiadi, né alle Paralimpiadi. «Dedico questa medaglia a tutte le persone che hanno pregato per me», ha detto Zahra.
Nei campionati paralimpici degli anni successivi ha collezionato molti altri successi. Il suo sogno però restava l'Olimpiade. Solo che per andarci bisognava qualificarsi in campionati contro avversarie che rispetto a lei avevano il vantaggio di poter tirare restando in piedi. Zahra ce l'ha fatta ai campionati asiatici del 2015 a Bangkok, in Thailandia, dove è arrivata seconda. Un risultato storico: mai un atleta in carrozzina era riuscito ad arrivare sul podio di una manifestazione così importante. E soprattutto, con quella medaglia d'argento, Zahra si era qualificata per l'Olimpiade di Rio de Janeiro del 2016.
In Iran il Governo è composto da religiosi, per legge le donne devono sempre indossare il velo e non possono assistere a molti dei più importanti eventi sportivi, come le partite di calcio o di pallavolo. Insomma, non sono libere di fare tutto quello che vogliono, perché non sono considerate come gli uomini. Eppure, l'impresa di Zahra è stata talmente importante che in patria hanno deciso di nominarla Alfiere. Così a Rio de Janeiro non ha solo coronato il sogno che sembrava impossibile, è anche entrata nello Stadio Olimpico portando la bandiera del suo Paese.

24

ROBERT KUBICA

Nel 2010 Robert Kubica aveva 26 anni ed era un pilota di Formula 1 molto promettente, già salito diverse volte sul podio. Due anni prima aveva anche vinto una gara, il Gran Premio del Canada, e così la Ferrari lo aveva cercato, perché voleva che diventasse uno dei suoi piloti. Gareggiare con la Ferrari era sempre stato il sogno di Robert fin da quando era bambino e aveva cominciato a correre con i kart in Polonia. Tutto quello che aveva fatto nella sua carriera lo aveva fatto per cercare di piacere alla «Rossa». E infatti, dopo che per tre anni aveva vinto tutti i campionati a cui aveva partecipato, suo papà aveva deciso di portarlo in Italia, dove si disputavano le corse di kart più importanti del mondo. E dove ha sede la Ferrari. Negli anni, dai kart era poi passato alle auto, fino a vincere, a 21 anni, il campionato di Formula Renault. Grazie a quella vittoria era arrivato in Formula 1 e dopo cinque buone stagioni arrivò finalmente la chiamata dalla Ferrari: a cominciare dal 2012 avrebbe corso con la Scuderia di Maranello. Durante l'inverno, quando la

Formula 1 si ferma, Robert amava partecipare a gare di rally, le auto fuoristrada. Così nel 2011 è andato al Rally di Andora, in Liguria. Sapeva che per lui sarebbe stato l'ultimo, almeno per un po' di anni, perché nel contratto che aveva firmato era scritto che per tutto il tempo in cui sarebbe stato pilota della Ferrari non avrebbe potuto correre in altre categorie.
In quella corsa purtroppo Robert ebbe un terribile incidente. Restò ferito al braccio e alla mano destri e subì un'operazione chirurgica di sette ore, alla fine della quale i medici riuscirono a salvargli la mano che inizialmente pensavano di dovergli amputare. Da allora ha dovuto imparare a fare tutto con la mano sinistra, perché nella destra non aveva più la forza sufficiente. A quel punto tutti credevano che, con un braccio e una mano ridotti in quelle condizioni, non avrebbe più partecipato alle corse. Invece lui non si è arreso e due anni dopo l'incidente è tornato nel mondo dei rally diventando addirittura Campione del Mondo della seconda categoria. E poi ha continuato ancora fino a che, otto anni dopo l'incidente, è riuscito a tornare in Formula 1, guidando una Williams. Nel 2024 è arrivata un'altra chiamata dalla Ferrari, questa volta per le gare di durata, quelle di *endurance*. Con la Rossa non ha corso come avrebbe voluto in Formula 1, la categoria più importante, ma ha ugualmente in qualche modo coronato il suo sogno.

25

YUSRA MARDINI

Fin da quando era piccolissima Yusra Mardini, insieme a sua sorella maggiore Sarah, ha deciso di imitare il padre Mohamed, che era un nuotatore. Yusra e la sua famiglia vivevano a Damasco, la capitale della Siria. Nel 2012 si è qualificata per i campionati del mondo in Turchia: aveva solo 14 anni. Nella gara dei 400 metri stile libero arrivò 37ª, ma era contenta ugualmente perché sapeva che anche solo esserci arrivata rappresentava comunque un enorme risultato.

Nel frattempo però in Siria era cominciata la guerra civile. Un bombardamento distrusse la sua casa, e così tutta la famiglia di Yusra si è dovuta arrangiare per molti mesi. Fino a quando un giorno è stata lanciata una bomba anche sulla piscina in cui lei e sua sorella Sarah si allenavano. Per fortuna non è esplosa, ma ha comunque sfondato il tetto ed è caduta in acqua, dove loro stavano nuotando. Yusra e Sarah erano terrorizzate e hanno capito che non potevano più continuare a vivere lì. Hanno deciso di fuggire. Facendo

YUSRA MARDINI

tratti di strada in autobus e altri a piedi, sono fuggite dalla Siria e arrivate a Istanbul, in Turchia, la città dove tre anni prima Yusra aveva partecipato ai campionati del mondo.
Da lì si sono spostate sulla costa, per cercare di raggiungere un'isola della Grecia. Ma la Guardia Costiera, che è una specie di polizia del mare, ha scoperto la barca su cui viaggiavano insieme a molti altri profughi, cioè persone che come loro scappavano da un paese in guerra, e l'ha fatta tornare indietro. Yusra e Sarah ci hanno riprovato un po' di tempo dopo, sempre insieme a molte altre persone che come loro cercavano pace e libertà in un paese sicuro. Solo che le due sorelle non avevano abbastanza soldi per una barca, e la seconda volta si sono dovute accontentare di un gommone. Si sono messe in viaggio di notte, per non essere viste, ma il mare era parecchio agitato.
A metà della traversata l'acqua ha infatti cominciato a entrare nel gommone, che rischiava così di affondare. Allora Yusra e Sarah, esperte nuotatrici, si sono tuffate in mare insieme ad altri due uomini e per più di tre ore, stando in acqua, sono riuscite a tenerlo in equilibrio e a galla. Quando finalmente il mare si è calmato sono riusciti tutti ad arrivare sull'isola di Lesbo, in Grecia. Da lì hanno proseguito per mesi il loro viaggio attraverso Grecia, Macedonia, Serbia, Ungheria e Austria, fin quando sono arrivate a Berlino, in

Germania. Lì, un allenatore di nuoto ha saputo per caso del loro arrivo e le ha aiutate, portandole ad allenarsi nel suo club. Le cose hanno così iniziato ad andare meglio e Yusra e Sarah sono state finalmente raggiunte dalla loro famiglia, di cui faceva parte anche la sorellina Shahed (che in arabo significa «Miele»).
Nel 2016 Yusra ha partecipato all'Olimpiade di Rio nella squadra dei Rifugiati, cioè degli atleti che non potevano rappresentare il loro Paese a causa delle guerre in corso. Nel 2021 a Tokyo il Comitato olimpico internazionale (Cio) ha di nuovo allestito una squadra dei Rifugiati, organizzata e coordinata dall' ex atleta italiano Niccolò Campriani. E Yusra, nello Stadio Olimpico della capitale del Giappone, ha avuto l'onore di portare la bandiera con i cinque cerchi olimpici, in rappresentanza di tutti i rifugiati del mondo.

26

JIM ABBOTT

Jim Abbott è nato senza la mano destra. Provate a pensare quante cose diventano difficilissime da fare con una sola mano: Jim ha dovuto impararle quasi tutte. Altri nelle sue condizioni non avrebbero mai pensato di praticare uno sport in cui si devono usare le mani. Molti magari avrebbero scelto la corsa, o il calcio. Ma negli anni Settanta, quando Jim era piccolo, nello Stato degli Stati Uniti dove lui abitava, il Michigan, il calcio non era molto diffuso. O forse a lui non interessava, o, semplicemente, non voleva rinunciare ai suoi sport preferiti, che erano il football e il baseball. Alla scuola superiore giocava a tutti e due. E quando lo raccontava, la gente quasi non ci credeva. Jim faceva il lanciatore e fin da piccolo ha imparato una tecnica particolare, tutta sua: appoggiava il guantone al braccio destro e non appena aveva effettuato il lancio lo infilava, così se gli avversari battevano su di lui era pronto a prendere la palla. «Crescere diverso dagli altri» raccontava «mi ha dato tanta spinta, per dimostrare che anch'io potevo farcela. Come gli altri». E così facendo ha finito per diventare meglio di tutti gli altri. Già alla fine delle superiori la squadra di baseball di Toronto, che si chiama Blue Jays, lo voleva tra i suoi giocatori, ma lui ha rifiutato perché voleva andare all'università. In quegli anni è stato convocato nella Nazionale degli Stati Uniti, con la quale nel 1988 ha partecipato al campionato del mondo, in Italia. Gli allenatori hanno scelto lui come lanciatore per la finale, contro Cuba, ma purtroppo quella partita Jim l'ha persa. Un mese dopo è andato all'Olimpiade di Seul, in Corea del Sud. Gli Stati Uniti sono arrivati di nuovo in finale, contro il Giappone, e anche in quel caso è stato scelto lui come lanciatore. E grazie a lui quella volta hanno vinto la medaglia d'oro.

Subito dopo Jim è stato chiamato da un'altra squadra, i California Angels (oggi Los Angeles Angels). A quel punto era pronto per diventare un professionista, per fare cioè di mestiere il giocatore di baseball. Di solito in quello sport i giocatori trascorrono diversi anni nelle squadre minori dei club principali, ma gli Angels pensavano che Jim fosse talmente bravo da poterne fare a meno. E hanno avuto ragione: appena arrivato nella Major League ha subito cominciato a lanciare molto bene, tanto che dopo quattro anni è finito nei New York Yankees, la squadra più importante e famosa d'America. Con loro, il 4 settembre 1993, in una partita

contro i Cleveland Indians, ha effettuato una prestazione straordinaria realizzando una *no-hit*: è un'impresa rarissima, perché il lanciatore non permette alla squadra avversaria di fare nemmeno una battuta.
Il ragazzo senza una mano, quindi, non solo è diventato un giocatore professionista ma anche un grande campione, capace di una prestazione che centinaia di lanciatori famosi hanno inseguito senza mai riuscire a realizzarla.

27

TEDY BRUSCHI

Quando andava alle scuole superiori, a Tedy Bruschi dicevano che non era abbastanza grande e grosso per il football americano. O almeno non lo era per il ruolo in cui lui voleva giocare: quello di *linebacker*. In tanti gli consigliavano di dedicarsi all'altra sua grande passione, la musica, e in particolare al sassofono. Tedy però non mollava: più gli dicevano che non sarebbe mai diventato un giocatore di football, più lui si allenava, per irrobustirsi e per cercare di essere più veloce che poteva. È così che a un certo punto è stato scelto dall'Università dell'Arizona, dove per i quattro gli anni in cui è rimasto si è dimostrato uno dei giocatori migliori. E ha continuato a stupire tutti anche quando è arrivata la chiamata che sognava, da parte di una squadra professionistica. A convocarlo erano i New England Patriots, la squadra di Boston della NFL, la National Football League.

Fin da subito Tedy si è fatto notare per tante particolarità, per esempio non ha mai voluto un agente. Tutti gli atleti

professionisti ne hanno uno: è una persona che lavora per loro e si accorda con le società in cui giocano, per discutere dei loro stipendi. Tedy invece ha fatto tutto da solo, anche perché fin dall'inizio ha detto che sarebbe rimasto per sempre nella stessa squadra. E così è stato.
Nel football americano gli scontri sono molto duri ed è frequente infortunarsi, cioè farsi male mentre si gioca o ci si allena. Riuscire a giocare tutte le partite di una stagione è già un bel risultato, e Tedy il primo anno ci è riuscito. I suoi Patriots si sono anche qualificati per il Super Bowl, la finale del campionato americano, che però hanno perso. Anche nel secondo, e poi ancora nel terzo anno in cui ha giocato, Tedy è rimasto in campo in tutte le partite, e intanto i Patriots diventavano sempre più forti. Nel 2002 Tedy è stato nominato capitano della difesa e la squadra è tornata a disputare il Super Bowl, che quella volta ha finalmente vinto! Un trionfo ripetuto poi anche nel 2004 e nel 2005. Il ragazzino che non avrebbe dovuto giocare a football è diventato per tre volte campione assoluto.
Solo che dieci giorni dopo aver conquistato il titolo del 2005, Tedy si è ammalato. Un improvviso problema al cervello ne ha causati altri al cuore e la sua vita è stata in serio pericolo. Ha affrontato una lunga riabilitazione, cioè un lungo periodo di cure, durante il quale ha pensato che non

avrebbe mai più giocato. E invece per fortuna si è ripreso, grazie anche alla sua forza di volontà, e nove mesi dopo il suo malore ha annunciato il ritorno in campo. Il 20 ottobre 2005 ha partecipato a una partita storica, contro i Buffalo Bills: la foto di Tedy era sulle prime pagine di molti giornali. Da lì in avanti ha disputato altri tre campionati e quando, nel 2009, ha detto che si sarebbe ritirato, i Patriots avrebbero voluto ritirare anche il suo numero di maglia, il 54. Così nessuno l'avrebbe più indossato e nella memoria di tutti i tifosi sarebbe rimasto per sempre il numero di Tedy Bruschi. È un vero onore, riservato solo ai più grandi campioni, ma Tedy, a differenza di tutti gli altri, non ha voluto: preferiva continuare a vedere il suo 54 sulle spalle di qualche altro giovane ragazzo.

28

VIKTOR CHUKARIN

Viktor Chukarin era nato vicino a Donetsk, nella zona in cui in questi anni si sta combattendo la guerra tra la Russia e l'Ucraina. Quando è nato lui, nel 1921, Donetsk si trovava in Ucraina, ma siccome l'Ucraina faceva parte dell'Unione Sovietica, come anche la Russia, a quei tempi non si discuteva di confini e non si litigava per questo. Quando aveva 3 anni, tutta la sua famiglia si è trasferita a Mariupol, sul mare. Lì Viktor è andato a scuola e ha iniziato a praticare sport, in particolare la ginnastica, per la quale gli insegnanti dicevano che era molto portato. Quando è arrivato il momento delle scuole superiori ha cambiato ancora città ed è andato a Kiev, la capitale dell'Ucraina, e a 19 anni è diventato Campione nazionale. Ma pochi mesi dopo, nel 1941, la Germania nazista ha invaso l'Unione Sovietica.

Viktor non era obbligato ad arruolarsi nell'esercito ma ha deciso ugualmente di farlo, come volontario, per difendere il suo Paese sotto attacco. Già nelle prime settimane di guerra, tuttavia, è stato ferito, preso come prigioniero e portato a Sandbostel, in Germania. In quel campo di concentramento i soldati degli altri Paesi erano trattati abbastanza bene, i sovietici invece no: a loro quasi tutti i diritti erano negati. Molti così sono morti di fame, di malattia o per i maltrattamenti subiti. Viktor ha sofferto molto, sia a Sandbostel che negli altri campi di prigionia dove è stato via via trasferito fino alla fine della guerra. Quando è stato liberato, ed è finalmente tornato a casa, pesava solo 40 chili ed era perciò debolissimo. Non poteva certo pensare di fare gli esercizi grazie ai quali era diventato Campione di Ucraina, perché i suoi muscoli non c'erano davvero più. Vedendolo in quelle condizioni, l'Istituto di Educazione Fisica di Kiev non lo ha purtroppo più voluto tra i suoi atleti. E così Viktor ha dovuto cambiare, andando in quello di un'altra città, Leopoli. Lì ha ricominciato ad allenarsi duramente e nel 1946 si è presentato ai campionati dell'Unione Sovietica, dove è arrivato 12°. Ma non si è arreso né accontentato e ha lavorato ancor più tenacemente in palestra. L'anno dopo è arrivato 5° e in quello dopo ancora è diventato Campione sovietico delle parallele, uno degli attrezzi della ginnastica. Fino a quando, nel 1949, ha vinto il concorso generale, è cioè risultato primo nella classifica che riassume tutte le specialità di quello sport.

Fino ad allora l'Unione Sovietica non aveva mai partecipato alle Olimpiadi. Ma il programma era di andarci per la prima volta proprio allora, nel 1952, in quella organizzata a Helsinki, in Finlandia. Viktor, come Campione nazionale, è stato convocato anche se aveva già 30 anni, non proprio pochi per continuare a praticare la ginnastica. Lui però è stato bravissimo e ha portato a casa tante medaglie: quattro d'oro e due d'argento. Due anni dopo è diventato Campione del Mondo del concorso generale e così, anche se aveva 34 anni, è stato di nuovo convocato per l'Olimpiade, quella di Melbourne, in Australia. Lì ha conquistato altre cinque medaglie, tre d'oro, una d'argento e una di bronzo, e a quel punto ha deciso che poteva ritirarsi. Per tutto il resto della vita ha insegnato la ginnastica a molti ragazzi diventati a loro volta campioni, sempre nell'Istituto di Leopoli che lo aveva accolto quando era molto magro e debole. In quella città, oggi una via porta il suo nome.

LATA BRANDISOVA

29

LATA BRANDISOVA

Il suo nome vero era Maria Immaculata, ma tutti la chiamavano Lata. Lata Brandisova era nata in un piccolo paese che oggi si trova in Repubblica Ceca ma che ai tempi, nel 1895, faceva parte dell'Impero austro-ungarico. Lata era una contessina, aveva otto tra fratelli e sorelle e tutti insieme, anche con i genitori, vivevano in un castello. Erano una famiglia ricca, possedevano una birreria, una distilleria, cioè una fabbrica di liquori, e una grande stalla con tanti cavalli che lei amava molto e che ha cominciato a montare e curare quando aveva 8 anni. Del resto tutti, in famiglia, amavano i cavalli. Il marito di sua nonna, Oktavian Kinski, nel 1874 aveva ideato il Velka Pardubicka, una corsa di galoppo a ostacoli che ben presto è diventata famosa. In Italia la chiamiamo Gran Premio di Pardubice, dal nome della città ceca a circa 40 chilometri dal paese di Lata. La gara esiste infatti ancora oggi ed è una delle più dure d'Europa perché lungo i 6,9 chilometri del suo percorso sono previsti ben 31 ostacoli, alcuni dei quali molto difficili. Uno in particolare, il Velky Taxisuv, è considerato tra i più pericolosi al mondo e le cadute sono molto frequenti. Per questo, quando da ragazzina Lata diceva che avrebbe partecipato a quella gara, tutti la criticavano e le consigliavano di non farlo. Oltretutto, nessuna donna l'aveva mai disputata ma lei non sentiva ragioni: voleva correre, ed è con questo obiettivo che per anni si è preparata. Durante la Prima guerra mondiale ha affrontato periodi tragici, per la morte di uno dei fratelli sul fronte italiano e tutta la famiglia costretta a vivere in condizioni molto più umili rispetto alle precedenti abitudini. Intanto però Lata continuava a dire che avrebbe partecipato alla gara di Pardubice. Molti furono i suoi oppositori, attraverso i giornali e nel mondo delle corse, ma alla fine l'ebbe vinta lei. Ha partecipato una prima volta nel 1916 e poi ancora molti anni dopo, nel 1927, quando è arrivata quinta. Per due volte è stata terza, e nel 1934 addirittura seconda. In quasi tutte le edizioni di quegli anni a vincere erano fantini e cavalli tedeschi.

Nel frattempo, con la fine della Seconda guerra mondiale, l'Impero austro-ungarico aveva smesso di esistere e nei territori originari di Lata era nato un nuovo Paese, la Cecoslovacchia. Lì, nel 1937, la situazione era molto tesa perché si sapeva che il governo nazista della vicina Germania voleva invadere i territori cecoslovacchi. Cosa che in effetti due anni dopo avvenne. Così, quando Lata decise di partecipare alla corsa tanto desiderata sulla sua cavalla Norma, tutti i cechi la vedevano come loro portacolori e un simbolo di libertà contro lo strapotere dei tedeschi.

Come sempre, la gara si disputava la seconda domenica di ottobre. Gli spettatori erano quarantamila, accorsi per vedere quindici coppie di fantino e cavallo: i grandi favoriti erano Lengnik (su Herold) e Scvlagbaum (su Quixie), tutti e due tedeschi. La maggior parte degli spettatori era lì per loro, ma quel giorno Lata e Norma andavano talmente forte che sembravano volare. E infatti vinsero.

Non solo quindi Lata aveva corso ancora una volta la gara che per molti non avrebbe mai dovuto fare, non solo l'aveva finalmente dominata, ma in quella occasione divenne anche eroina nazionale, un vero simbolo della resistenza del popolo ceco. Che le dimostrò tutto il suo affetto e la sua riconoscenza: in diecimila la portarono in trionfo dal traguardo al centro di Pardubice.

30

JACKIE ROBINSON

Negli anni Trenta, quando Jackie Robinson era ragazzino, i neri non potevano giocare nel campionato di baseball e in nessun altro campionato professionistico degli Stati Uniti. In realtà, non esisteva una regola che lo vietasse: era però una orribile consuetudine. Jackie era cresciuto in California con la mamma e quattro fratelli, uno dei quali, Matt, più grande di lui, era un atleta eccezionale. All'Olimpiade del 1936, a Berlino, vinse infatti la medaglia d'argento nei 200 metri. Anche Jackie aveva molto talento, in tanti sport. A scuola giocava a football, a baseball, a tennis e praticava atletica, e in tutti era il migliore. Così riuscì a ottenere una borsa di studio per andare alla UCLA, un'università di Los Angeles, dove entrò nella squadra di football. E se nel frattempo non fosse scoppiata la Seconda guerra mondiale, probabilmente dopo gli studi avrebbe iniziato una bella carriera in quello sport. Invece Jackie si arruolò nell'esercito e solo alla fine della guerra poté decidere cosa fare. Scelse il baseball, ma erano ancora gli anni Quaranta e i neri continuavano a non poter giocare nella MLB, il campionato professionistico. A loro erano riservati tornei «speciali» che si chiamavano Negro Leagues, cui partecipavano solo atleti afroamericani. Molti di loro erano straordinari campioni, che per un'assurda e odiosa abitudine non potevano però giocare nelle squadre più amate e importanti d'America. E così anche Jackie finì in un team delle Negro Leagues, i Kansas City Monarchs, dove si mise in mostra e giocò benissimo.

In quegli anni, per fortuna, nel mondo del baseball c'era un dirigente per niente d'accordo con il divieto per i neri di giocare in MLB. Si chiamava Branch Rickey ed era il direttore dei Brooklyn Dodgers. Branch voleva essere il primo a infrangere quella regola, ma era consapevole di dover agire con cautela e che avrebbe dovuto affrontare molte difficoltà. Così ha deciso che il primo sarebbe stato Jackie. Perché era indiscutibilmente uno dei migliori, e perché sapeva che aveva un buon carattere. Allora lo ha chiamato nel suo ufficio e gli ha spiegato che, se avesse accettato e fosse andato in MLB, avrebbe sicuramente trovato avversari che lo avrebbero trattato male, insultandolo per il colore della sua pelle. Gli ha detto: «Voglio sapere se hai coraggio». Jackie ha risposto: «Se ho il coraggio di reagire?». «No,» ha continuato Rickey «se avrai il coraggio di non farlo». Il dirigente aveva capito che il solo modo per riuscire nel loro scopo era essere superiori alla stupidità e alla cattiveria del razzismo. Così Jackie nel 1947 è stato il primo nero a giocare il MLB. Spesso, per anni, giocatori di altre squadre lo hanno insultato, qualcuno ha tentato di fargli male lanciandogli addosso o caricandolo quando giocava sulle basi. Persino alcuni compagni all'inizio non volevano giocare con lui. Ma per fortuna il suo allenatore, Leo Durocher, lo ha difeso e altri uomini della squadra sono stati dalla sua parte. Grazie al suo esempio, presto altri giocatori neri sono arrivati in MLB e in pochi anni le Negro Leagues sono scomparse. Ancora oggi, ogni anno, il 15 aprile, tutti i giocatori della MLB indossano il 42, il numero di Jackie. Per onorare il suo coraggio.

31

SANDEEP SINGH

Nel 2004 Sandeep Singh aveva già realizzato il suo sogno sportivo. L'anno prima era stato il miglior marcatore ai campionati del mondo juniores di hockey su prato, e così gli allenatori della Nazionale maggiore indiana avevano deciso di inserirlo nella squadra per l'Olimpiade di Atene. Sandeep è così diventato il più giovane giocatore della Nazionale di hockey su prato. A quei Giochi l'India è arrivata settima e Sandeep è rimasto in Nazionale per altri due anni.

Nell'agosto del 2006 era previsto un tour in Africa. Due giorni prima della partenza Sandeep stava raggiungendo i compagni al raduno fissato a Nuova Delhi. Viaggiava su un treno che si chiama Kalka Shatabdi Express e che unisce il nord dell'India con la capitale. Durante il tragitto, dalla pistola di un agente della polizia ferroviaria è partito per sbaglio un colpo e Sandeep è rimasto ferito alla schiena. Lo hanno quindi portato di corsa in ospedale dove è stato subito operato. Il proiettile aveva danneggiato la colonna vertebrale e i medici lo hanno tenuto per circa un mese in coma farmacologico, cioè volontario e guidato, per poterlo meglio curare. Quando si è svegliato gli hanno detto che sarebbe stato quasi impossibile per lui tornare a camminare e che sarebbe quindi rimasto su una sedia a rotelle. La mamma di Sandeep è sempre stata con lui e vicino al suo letto ha sistemato un bastone da hockey.

Qualche speranza di guarigione comunque c'era e un bravo dottore, per esempio, gli disse che sarebbe guarito più in fretta se avesse smesso di prendere medicine conto il dolore. Sandeep ha seguito il suo consiglio e anche se soffriva tanto, si è allenato con grande forza di volontà, migliorando un pochino giorno dopo giorno. Dopo circa un anno riusciva di nuovo a stare in piedi, così la Federazione di hockey lo ha mandato in un centro specializzato in Olanda. E lì i miglioramenti sono stati ancora più evidenti. Nel frattempo l'India non era riuscita a qualificarsi per le Olimpiadi di Pechino. «E allora io tornerò e porterò la mia Nazionale all'Olimpiade di Londra», ha detto Sandeep, e così ha fatto. Non solo è tornato a camminare bene, ma ha ricominciato anche a giocare a hockey ed è stato così richiamato in Nazionale. Al torneo di qualificazione olimpica per Londra 2012 l'India è arrivata in finale contro l'Olanda e Sandeep Singh ha segnato cinque gol. La sua squadra ha vinto quella partita 9-1 e ha così potuto prendere parte all'Olimpiade. A Londra ha perso tutti gli incontri, ma quella olimpica è stata ugualmente una grande esperienza. Soprattutto per Sandeep, che ha continuato a giocare per diversi anni, anche nel campionato inglese. Quando ha smesso è diventato un politico ed è stato nominato ministro dello sport dell'Haryana, uno degli Stati che compongono l'India. Anche se di recente è stato costretto a dimettersi perché accusato di non essersi comportato correttamente nei confronti di una donna che lavorava con lui. Non sempre, purtroppo, i campioni dello sport si dimostrano esempi da seguire anche nella vita.

LAMiNE YAMAL

32

LAMINE YAMAL

Lamine Yamal è nato nel 2007, il 13 luglio. Ha cioè un'età di poco superiore a quella di molti di voi che leggete questo libro. Eppure, all'ultimo campionato europeo di calcio è stato uno dei giocatori simbolo della Spagna, che ha conquistato il titolo.

Lamine è cresciuto a Mataró, una città a poco più di 30 chilometri da Barcellona, nel quartiere popolare di Rocafonda, dove vivono soprattutto famiglie povere, molte delle quali arrivate in Spagna da altri paesi. Proprio come la sua: il papà di Lamine, Mounir, è marocchino, la mamma, Sheila, è emigrata dalla Guinea Equatoriale. Mounir e Sheila si sono separati quando Lamine aveva 3 anni e da allora lui è cresciuto in tutte e due le nuove case, quella di mamma e quella di papà. Ha iniziato a giocare a calcio prima ancora di compiere 5 anni, in una squadra chiamata La Torretta in cui si è fatto subito notare. Già a 7 anni era così passato nelle giovanili del Barcellona. Il suo allenatore, Jordi Font, dice che in ogni torneo Lamine vinceva il premio di miglior giocatore. Non solo: i dirigenti del Barcellona lo facevano spesso giocare in più di una categoria, quasi sempre con ragazzi più grandi. Nel settembre del 2022, quando Lamine aveva solo 15 anni, l'allenatore della prima squadra del Barcellona, Xavi Hernandez, lo ha chiamato ad allenarsi con i suoi calciatori, grandi campioni come Robert Lewandowski, appena arrivato dal Bayern Monaco, Raphinha, Dani Olmo e molti altri. Il 29 aprile del 2023 Xavi lo ha fatto debuttare nella Liga, il campionato spagnolo: Lamine aveva 15 anni, 9 mesi e 16 giorni. Era da più di un secolo, precisamente da quando, nel 1922, aveva fatto il suo esordio Armando Sagi, che nel Barcellona non giocava un ragazzo così giovane. Da allora ha accumulato tantissimi record: è stato il più giovane a segnare un gol in campionato con il Barcellona e il più giovane in assoluto a segnare sia nella Coppa di Spagna che in quella del Re. Con il Barça è diventato Campione di Spagna nel 2023. Nello stesso anno, l'8 settembre, il c.t. (commissario tecnico) Luis de la Fuente lo ha fatto debuttare in Nazionale, e anche in quel caso è stato il più giovane della storia: aveva 16 anni e 57 giorni. E ha pure realizzato un gol, contribuendo alla vittoria per 7 a 1 sulla Georgia. Di lui De la Fuente ha detto: «Sembra sia stato toccato dalla bacchetta magica di Dio: è diverso dagli altri». Dopodiché lo ha convocato anche per disputare l'Europeo, e indovinate: Lamine è stato il più giovane esordiente anche nella storia di quella competizione. Ha giocato da titolare in tutte le partite e in semifinale, contro la Francia Campione del Mondo, ha realizzato il gol dell'1-1 (la Spagna ne ha poi segnato un altro, finendo per vincere 2-1), gol che è stato addirittura votato come il più bello dell'Europeo. Dopodiché, come fa sempre dopo aver segnato, ha incrociato le mani: con la sinistra ha composto un 3 e uno 0, con la destra un 4: 304, le ultime cifre del codice postale di Rocafonda. Lo fa per ricordare a tutti che viene da lì, da quel quartiere tante volte criticato e descritto come pericoloso. Lo fa per dire ai suoi amici che non si è dimenticato delle sue origini, e che è ancora uno di loro.

33

GIANNIS ANTETOKOUNMPO

Giannis ha un cognome difficilissimo da ricordare e pronunciare: Antetokounmpo. È di origine nigeriana, ed è stato un po' modificato in Grecia, dove Giannis è nato. Fino a 18 anni, non aveva però nazionalità. I suoi genitori erano arrivati ad Atene da quel lontano paese africano ed erano entrambi degli sportivi: suo padre giocava a calcio, sua madre faceva atletica e praticava il salto in alto. E siccome erano stranieri, i loro figli – anche se nati e cresciuti in Grecia – non potevano essere considerati greci. Giannis aveva quattro fratelli, il più grande era nato quando il papà e la mamma si trovavano ancora in Nigeria e là era rimasto con i nonni. La famiglia non aveva abbastanza soldi e così Giannis e suo fratello Thanasis andavano in centro ad Atene per vendere occhiali e orologi in strada. Appena potevano, però, giocavano a calcio o a basket nei campetti del loro quartiere, Sepolia. E un giorno al loro campetto è arrivato l'osservatore di una squadra di basket della zona, il Filathlitikos. In quel momento tutti e quattro i fratelli Antetokounmpo stavano giocando, oltre a Thanasis e Giannis c'erano anche i più piccoli, Kostas e Alex. Dopo averlo visto correre e saltare, l'osservatore ha deciso di portare Giannis, che aveva 13 anni ed era già altissimo, nella squadra giovanile del Filathlitikos che in quel periodo militava in terza serie. Proprio in quei giorni però la sua famiglia dovette lasciare il piccolo appartamento in cui viveva e trasferirsi in un rifugio per immigrati, cioè persone che come loro provenivano da altri paesi. Giannis prese subito ad allenarsi duramente, spesso anche di sera. E se faceva troppo tardi capitava che dormisse in palestra, perché di notte aveva paura di incontrare per le strade buie gruppi di persone razziste che minacciavano e picchiavano gli immigrati.

Intanto diventava sempre più forte. Con il Filathlitikos era arrivato in seconda categoria e aveva giocato la finale per essere promosso in serie A. La sua squadra perse la partita ma quel giorno nella piccola palestra in cui si giocava c'erano tanti altri osservatori arrivati dall'America, tutti lì per lui. Già si capiva che sarebbe diventato un campione, e infatti pochi mesi dopo Giannis venne scelto dai Bucks di Milwaukee che militavano in NBA, il campionato degli Stati Uniti e il più importante del mondo. Al quale però ha rischiato di non poter prendere parte: per ben due volte i suoi genitori avevano chiesto infatti il visto, cioè il permesso scritto, per entrare negli Stati Uniti ed entrambe le volte era stato loro negato. Giannis allora disse che senza di loro non sarebbe mai partito per gli Stati Uniti. Per fortuna però la terza richiesta andò a buon fine e la mamma e il papà poterono raggiungerlo. Da allora Giannis non ha deluso le speranze di tutti quelli che avevano così tanto creduto in lui. Nel 2019 e poi ancora nel 2020 è stato votato miglior giocatore della NBA: il ragazzo che vendeva orologi in strada era diventato il più bravo di tutti. Nel 2021 i Bucks hanno addirittura vinto il campionato, non ci riuscivano da cinquant'anni e ce l'hanno fatta soprattutto grazie a lui.

34

CARLO MOLFETTA

Quando aveva 12 anni Carlo Molfetta firmava autografi sui diari dei compagni di scuola, ai quali diceva che sarebbe diventato campione olimpico. A Mesagne, la piccola città della Puglia in cui è nato e cresciuto, in tanti come lui praticano il taekwondo. Molti sono diventati cintura nera ma Carlo ha fatto di più e si è sempre impegnato al massimo per mantenere la promessa fatta agli amici in classe.

A 16 anni era già Campione del Mondo juniores, a 19 ha vinto le Universiadi e a 20 ha conquistato la medaglia d'argento agli Europei, qualificandosi così per l'Olimpiade di Atene. Agli ottavi di finale però è stato sconfitto dall'iraniano Hadi Saei e il sogno di vincere una medaglia è così svanito. Ma Carlo sapeva che avrebbe avuto ancora delle possibilità e continuò quindi ad allenarsi. Solo che, quando si stava preparando per l'Olimpiade successiva, quella di Pechino 2008, si infortunò gravemente a un ginocchio. Niente da fare quindi, avrebbe dovuto attendere altri quattro anni. In

quel periodo fortunatamente ha ottenuto grandi risultati in tutti gli importanti tornei disputati, vincendo la medaglia d'argento ai Mondiali e poi quella d'oro agli Europei.
Il problema era che in quelle competizioni combatteva nella categoria degli atleti che pesavano al massimo 87 chili, mentre alle Olimpiadi, dove le categorie sono diverse, era costretto a competere nei Massimi, quindi anche contro avversari molto più robusti e alti di lui. Oltretutto, per qualificarsi aveva a disposizione solo due tornei: nel primo, del 2011, perse subito l'incontro di inizio e tornò a casa, eliminato. Gli rimaneva solo una possibilità, che riuscì a sfruttare, si qualificò e poté così andare all'Olimpiade di Londra del 2012. E lì, al primo incontro e mentre era in vantaggio, ha tirato un calcio fortissimo col piede destro, convinto di centrare la corazza di Alisher Gulov, del Tagikistan: invece ha colpito il suo gomito, rompendosi i legamenti della caviglia. È ugualmente riuscito a vincere l'incontro, ma intanto il piede si era gonfiato come un pallone. Sembrava perciò impossibile continuare, ma grazie a qualche cura immediata e tanto coraggio Carlo è andato avanti. Nei quarti di finale, contro il cinese Liu Xiaobo, è riuscito a vincere anche senza usare mai il piede destro. In semifinale si è trovato davanti Daba Modibo Keita, del Mali, un gigante alto 2 metri e 03. Keita non pensava di poter perdere contro un atleta più

basso di lui di quasi 20 centimetri e che usava oltretutto un piede solo. E invece è successo. «Aveva una faccia incredibile, era sbalordito. Non poteva crederci», ha raccontato tempo dopo Carlo. In finale, contro Anthony Obame del Gabon, il sogno sembrava svanire ancora una volta, perché Obame è andato in vantaggio 6-0. Carlo ha provato a rimontare e ha ottenuto il primo punto, e poi altri ancora. A 19 secondi dalla fine il suo avversario era però ancora in vantaggio 9-6, ed è in quel momento che Carlo si è detto: «Ora vado col destro in faccia, lui non se l'aspetta e io pareggio». Così ha fatto: il calcio al viso vale 3 punti, quindi lo aveva raggiunto sul 9-9. Dopo la fine del tempo previsto i giudici hanno assegnato la vittoria a Carlo. Il ragazzino che firmava autografi ai compagni di scuola aveva mantenuto la promessa: era diventato Campione olimpico. La medaglia d'oro non aveva però cancellato il danno alla caviglia: era vero che Carlo si era fatto malissimo! Tanto che prima di tornare a combattere ha dovuto purtroppo aspettare un anno e sette mesi.

JESSE OWENS

35

JESSE OWENS

Jesse Owens era nato nel sud degli Stati Uniti, in Alabama. Aveva sei fratelli e tre sorelle. La famiglia non aveva grandi possibilità economiche: suo nonno era stato uno schiavo e suo padre Henry faceva il contadino, fino a quando non ha deciso di portare tutta la famiglia a Cleveland, nello Stato dell'Ohio. Jesse andava a scuola ma allo stesso tempo lavorava anche come calzolaio, per dare una mano ai suoi genitori. E soprattutto aveva una grande passione: la corsa. Il suo insegnante di educazione fisica, Charles Riley, aveva notato in lui una vera dote naturale, perché correva molto più veloce dei compagni. Così lo ha convinto ad allenarsi regolarmente, e Jesse non lo ha deluso: alle scuole superiori, quando quindi era ancora un ragazzo, ha stupito tutti eguagliando il record del mondo delle 100 yard, una misura usata negli Stati Uniti ed equivalente a poco meno di un metro. Da quel momento Jesse ha iniziato a essere famoso. In seguito si è iscritto all'Università dell'Ohio, dove ovviamente è entrato a far parte della squadra di atletica. Durante la finale universitaria del 1935 che si disputava nello Stadio di Michigan, la casa dei rivali di Ohio, in un solo giorno Jesse ha migliorato ben quattro record del mondo, e l'anno successivo si è qualificato per andare all'Olimpiade di Berlino. Il governo nazista di Adolf Hitler voleva che l'Olimpiade fosse la celebrazione della Germania e della superiorità degli atleti tedeschi, e invece il grande protagonista fu proprio Jesse, che era molto atteso: la sua fama era arrivata in Europa prima di lui. Nel primo giorno di gare fu avvicinato da un signore tedesco che produceva abbigliamento sportivo: si chiamava Adi Dassler e lo convinse a indossare le scarpe da lui prodotte, non ancora molto conosciute. Le aveva chiamate unendo il suo nome e l'inizio del suo cognome: Adidas.

A Berlino, Jesse vinse quattro medaglie d'oro: nei 100 metri, nei 200 metri, nel salto in lungo e nella staffetta 4x100 metri. Nella gara dei 200 metri arrivò secondo, quindi subito dietro di lui, Mack Robinson, fratello di un altro personaggio di questo libro, Jackie. Alla staffetta Jesse non voleva partecipare: «Ho già tre medaglie,» disse «diamo possibilità a qualcun altro». Ma gli allenatori della squadra degli Stati Uniti non lo ascoltarono nemmeno: era troppo forte perché potessero rinunciare a lui. Per Hitler e i nazisti fu una delusione vedere un atleta straniero e nero diventare l'eroe della loro Olimpiade: da tempo sostenevano infatti che gli ariani, i bianchi europei, e in particolare tedeschi, erano migliori, più forti. Per fortuna, non tutti la pensavano così: molti, anche fra i tedeschi, erano anzi incuriositi dagli atleti stranieri, e in particolare da Jesse, il più veloce di tutti. Fu così che durante la gara di salto in lungo, il campione tedesco Luz Long, quel giorno medaglia d'argento, diventò amico di Jesse. Pochi anni dopo Long andò in guerra, e sentendosi in pericolo scrisse una lettera all'amico: «Se morirò, per favore, vai in Germania a parlare di me a mio figlio». Voleva infatti che il bambino imparasse la sua lezione: gli stranieri non sono nemici e gli avversari hanno sempre qualcosa da insegnarti. In quella guerra Luz morì e allora Jesse fece come lui gli aveva chiesto: si recò più volte in Germania a incontrare il ragazzo e anni dopo partecipò anche alle sue nozze. Gesti che sono ricordati ancora oggi dal Comitato olimpico internazionale come i migliori messaggi di fratellanza e amicizia tra i popoli.

36

MATTHIAS SINDELAR

Matthias Sindelar era nato a Kozlov, una cittadina che oggi si trova in Repubblica Ceca ma che ai tempi, nel 1903, faceva parte dell'Impero austro-ungarico. Matthias quindi era un cittadino dell'Austria. La sua famiglia era molto umile: quando lui aveva solo 3 anni si è trasferita a Vienna, dove Matthias, ancora bambino, ha fatto molti lavori, come il fabbro, il meccanico e il commesso in un negozio. Quando poteva giocava a calcio, in strada, ma sempre scalzo, per non rovinare l'unico paio di scarpe che possedeva. Le cose peggiorarono ancora quando il papà morì nella Prima guerra mondiale, sul fronte italiano, e Matthias dovette così aiutare la mamma e le tre sorelle. A calcio però era fortissimo, così in un giorno fortunato un insegnante, Karl Weimann, lo notò e lo portò a giocare nella sua squadra, l'Herta Vienna. Non tutti erano d'accordo, perché Matthias era magrolino, al punto da essere chiamato «Der Papierene» (carta velina), un tipo di carta particolarmente sottile, quasi trasparente.

Però in campo Sindelar stupiva tutti, e infatti poco dopo passò in un club più importante, l'Austria Vienna, con cui vinse uno scudetto e cinque coppe d'Austria. Venne anche convocato in Nazionale, per disputare il Mondiale del 1934 in Italia, dove l'Austria si classificò quarta. Nel corso del torneo Matthias però si infortunò, finì in ospedale e lì conobbe Camilla Castagnola, un'infermiera che divenne la sua fidanzata. A quel punto era il giocatore più bravo e amato dell'Austria, e insieme all'italiano Giuseppe Meazza e all'ungherese Gyorgy Sarosi anche il più famoso del mondo.

Nel 1938 il governo nazista, a Berlino, decise che l'Austria doveva essere unita alla Germania. La Nazionale di calcio austriaca quindi scomparve, e i giocatori migliori, tra cui ovviamente Matthias, entrarono a far parte di quella tedesca. All'Austria era stato concesso di giocare un'ultima partita, a Vienna, proprio contro la Germania. Si dice che ci fosse un accordo per farla finire in pareggio, ma Matthias non era d'accordo. Giocò in modo straordinario, sbagliando apposta, pare, diversi gol facili per prendere in giro chi voleva un pareggio finale. Poi però un gol lo realizzò per davvero, e un altro lo fece segnare a un compagno, con un passaggio decisivo. E come se non bastasse Matthias alla fine rifiutò di fare il saluto nazista. Non ne voleva sapere del nazismo: Camilla era di religione ebraica, e sapeva che i nazisti negavano diritti agli ebrei. Forse immaginava anche che la situazione sarebbe peggiorata. La Germania lo ha convocato per il Mondiale del 1938, ma lui non è andato. Ha detto che non avrebbe mai giocato per il governo nazista che discriminava gli ebrei. Pochi mesi dopo Matthias e Camilla sono stati trovati morti in casa. Per qualcuno era stato un incidente, per altri un suicidio. Gli amici di Matthias per anni hanno ripetuto che a ucciderli era stata la Gestapo, la polizia nazista.

37

MANUTE BOL

Nessuno ha mai saputo quando Manute Bol sia nato. Di sicuro, si sa che è cresciuto in un villaggio chiamato Gogrial, in Sudan. Precisamente, nel sud di quel Paese africano, un particolare che - come vedrete - è importante. Manute era un Dinka, così si chiama infatti la tribù di pastori a cui apparteneva. I Dinka hanno una particolarità: sono altissimi. Suo padre Madut raggiungeva i 2 metri e 03, sua madre Okwok superava il marito di 5 centimetri e Manute era arrivato a 2 metri e 31. Da ragazzino, come gli altri abitanti del suo villaggio, faceva il pastore, ma tutto quello che riguarda la sua infanzia e la sua giovinezza è avvolto nel mistero: non esistono documenti e testimonianze scritte, quello che si sa di lui in quei primi anni di vita è stato tramandato a voce. Manute, per esempio, ha sempre raccontato che a 15 anni, per difendere le sue mucche, aveva ucciso un leone con una lancia! Anni dopo, molti compagni di squadra lo hanno preso in giro per racconti come quello, ma lui non se l'è mai presa.

Da ragazzino si è trasferito a Khartoum, la capitale del Sudan, dove ha cominciato a giocare a basket e dove è stato scoperto da Don Feeley, un allenatore americano che nel 1985 lo ha convinto a seguirlo negli Stati Uniti. Un giorno, mentre stava compilando un modulo per lui, è stato proprio Feeley a inventare la data di nascita di Manute, poi diventata ufficiale: 16 ottobre 1962. Immaginate a questo punto un ragazzo altissimo, magrissimo, che non conosce nemmeno una parola di inglese e che si ritrova da solo negli Stati Uniti. Secondo alcuni, all'epoca non sapeva nemmeno leggere e scrivere, secondo altri invece era in grado di scrivere solo il suo nome. Eppure, con il tempo Manute ha imparato la lingua di quel Paese, e di certo anche a leggere e scrivere. Soprattutto, ha imparato a giocare a basket, tanto da arrivare nella NBA, il campionato professionistico – come già detto – più importante del mondo per quello sport. Si diceva che in quel periodo avesse 23 anni, ma probabilmente erano molti di più. In NBA è rimasto per undici stagioni, anche se ha dovuto affrontare molti infortuni, soprattutto alle ginocchia. Non è mai stato particolarmente abile al tiro, ma grazie alla sua incredibile statura era portentoso nel fare le stoppate. Per tutto il tempo in cui ha giocato nel massimo campionato è stato molto amato dal pubblico, anche quello delle squadre avversarie. In un ho-

tel di Seattle, per esempio, era stato persino realizzato un letto fatto apposta per lui e per la sua altezza. Non ha mai giocato nella squadra locale, ma i proprietari dell'albergo volevano essere certi che soggiornasse da loro quando si trovava lì in trasferta.
Quando l'esperienza in NBA è finita ha giocato in diversi altri campionati, compreso quello italiano, nel Forlì... anche se solo per due partite! Nel corso della sua carriera ha guadagnato molti soldi, ma li ha donati praticamente tutti a decine di parenti sparsi in vari villaggi Dinka, in Africa. E anche ai rifugiati sudanesi, cioè a chi fuggiva da quel Paese a causa della guerra civile che lì era scoppiata. Ha poi aiutato l'Esercito di Liberazione del Popolo del Sudan, che combatteva per l'indipendenza del Sud. Indipendenza che è stata ottenuta nel 2011, quando è nato il Sud Sudan. Manute però non lo ha mai saputo, perché è morto un anno prima a causa di una malattia rara assai grave. Si diceva che avesse 47 anni, ma probabilmente erano ben di più. Uno dei suoi dieci figli, Bol Bol, oggi gioca in NBA.

GiAMAiCA BOB

38

GIAMAICA BOB

A metà degli anni Ottanta William Maloney e George Fitch vivevano tutti e due in Giamaica. Entrambi statunitensi, erano a Kingston, la capitale, per lavoro. Spesso giocavano insieme a tennis. Un giorno si trovavano in un bar e mentre stavano chiacchierando in televisione trasmettevano una gara di «carretti a spinta»: costruiti artigianalmente, sono molto diffusi per le strade giamaicane. Servono a trasportare merci e vengono spinti a mano. A un certo punto qualcuno ha pensato di organizzare delle corse, con quei carretti a spinta, e presto quelle gare sono diventate parte della tradizione di quel Paese, del suo folclore.

Guardando quei carretti in tv, quel giorno Maloney e Fitch hanno avuto un'idea: la Giamaica è piena di grandi atleti, è la patria dei migliori sprinter del mondo, e allora perché non provare a portare quel gesto atletico, la spinta dei carretti, alle Olimpiadi? Il modo per farlo c'era: creare una squadra di bob. Non così facile come dirlo, in realtà: il bob scivola

su una pista di ghiaccio, in mezzo alla neve, ma chi vive in Giamaica il ghiaccio e la neve non li vede mai. La Giamaica è un'isola dei Caraibi, dove il clima è caldo per tutto l'anno e si vive in maniche corte. Evidentemente però Maloney e Fitch non erano tipi da arrendersi facilmente. Hanno cominciato a contattare società e allenatori di atletica, e i primi a dargli ascolto sono stati quelli dell'esercito. «Quando ho ricevuto la telefonata da un mio superiore,» avrebbe raccontato tempo dopo Dudley Stokes «avevo paura che fosse una specie di ordine, e non ho avuto il coraggio di dire no.» Stokes era un atleta, uno sprinter del gruppo sportivo dell'esercito, ed è stato il primo a venire reclutato per quella bizzarra iniziativa. Trovarne altri è stata dura. Nella sala riunioni dove si cercavano i volontari è stato affisso un cartello con su scritto: Il bob è uno sport pericoloso, serve un allenamento rigoroso. I ragazzi potenzialmente forti venivano contattati, ma quando vedevano le immagini di certi incidenti o delle nevicate, del vento gelido nelle località in cui si disputano le gare, rifiutavano subito.
Alla fine però si è riusciti a trovare altri tre partecipanti: Devon Harris, Michael White e Caswell Allen. L'obiettivo era andare all'Olimpiade di Calgary del 1988: è stato quindi allestito uno staff con due tecnici, uno statunitense, Howard Siler, e uno austriaco, Sepp Haidacher. Sono così iniziati

gli allenamenti, per la maggior parte del tempo comici ed esilaranti. Bisogna immaginare infatti un gruppo di ragazzi che aveva sempre vissuto al caldo, in spiaggia, e che all'improvviso veniva portato in luoghi gelidi, ad allenarsi sul ghiaccio. Non lo avevano mai visto, e non avevano mai affrontato temperature sotto lo zero. Per loro tutto, anche la più semplice attività quotidiana, risultava difficile in quelle condizioni. Figurarsi stare in pista e praticare uno sport! Eppure qualche piccolo miglioramento via via si intravedeva, così la Federazione internazionale ha concesso loro di partecipare all'Olimpiade di Calgary. Durante le competizioni, per primo ha gareggiato il bob a due di Dudley e Michael: sono arrivati 30° su 41 equipaggi, neanche male! Vedere due ragazzi neri sulla neve ha subito suscitato grande interesse, e così la gara successiva, quella di bob a quattro, è stata seguita dalle tv di tutto il mondo. C'è stato però un colpo di scena: poco prima della gara Allen si è infortunato, e la squadra non aveva una riserva. A Calgary era presente come spettatore Chris Stokes, fratello di Dudley. In fretta e furia è stato «convocato» ed è così diventato il quarto uomo della squadra. Dopo tre delle quattro discese previste, il bob della Giamaica era 26° in classifica generale. È però uscito di pista durante la discesa finale e non ha quindi concluso la gara. Nonostante questo, l'incredibile storia dei ragazzi giunti sulle nevi del Canada dai Caraibi è diventata popolare ovunque. Disney ha addirittura realizzato un film ispirato alla loro vicenda, che da noi, in Italia, è uscito con il titolo *Quattro sottozero*. È molto divertente, ma presenta una differenza rispetto a come sono andate le cose nella realtà. Vi si racconta infatti che le altre Nazionali non vedevano di buon occhio la bizzarra Giamaica, ma Dudley e gli altri hanno invece raccontato di essere sempre stati incoraggiati e di aver ricevuto in regalo materiali e attrezzi che loro non possedevano. In ogni caso, anche grazie al film, la Giamaica del bob è diventata popolare, e dopo quella edizione dei Giochi vedere un bob giamaicano alle Olimpiadi è diventata una bella consuetudine.

39

MARC GASOL

Fin da bambino Marc Gasol ha imitato quel che faceva suo fratello Pau, di cinque anni più grande. Figli di genitori che avevano tutti e due giocato a basket, Pau e Marc, aiutati da una statura veramente fuori dal comune, hanno presto seguito le loro tracce. A 16 anni il maggiore dei fratelli, Pau, è entrato nella squadra più importante della loro città, il Barcellona, dove si è molto presto messo in luce e così nel 2001 è stato scelto dai Memphis Grizzlies, una squadra che milita nell'NBA. Tutta la famiglia si è così trasferita in quella città, dove Marc ha proseguito la scuola e allo stesso tempo ha iniziato la sua carriera nel basket giovanile.

A 21 anni, dopo che era anche tornato per qualche mese in Spagna a giocare nel Girona, gli è però successa una cosa strana. Marc è stato scelto dai Los Angeles Lakers, una delle squadre più prestigiose della NBA e dunque del mondo, che però non lo ha tenuto né mai fatto giocare: lo ha invece scambiato con i Memphis Grizzlies, per avere in cambio...

suo fratello Pau. Marc si è così ritrovato ai Grizzlies, dove ha giocato per dieci anni. Si trattava di una buona squadra, ma non abbastanza forte da lottare per il campionato. Eppure Marc si è più volte messo in luce, tanto che nel 2013 è stato anche votato come miglior difensore di tutta la NBA. Nella stagione 2017-18 è arrivato a totalizzare diecimila punti in carriera ed è diventato il giocatore con più partite all'attivo nel club. Nel frattempo, in tutti quegli anni, ha sempre giocato anche per la Nazionale della Spagna, con cui ha vinto il Mondiale del 2006 in Giappone, conquistato due medaglie d'argento alle Olimpiadi di Pechino 2008 e Londra 2012 e vinto due volte l'Europeo. Nel 2018 era quindi un campione affermato e aveva fin lì guadagnato circa 180 milioni di dollari.

Eppure nell'estate di quell'anno, appena finito il campionato NBA, ha deciso che non poteva più stare a guardare senza far nulla le tragedie che accadevano nel mar Mediterraneo. Allora, come purtroppo ancora oggi, molti profughi dai paesi africani e dal Medio Oriente scappavano dalle loro terre e cercavano di attraversare il mare con barche spesso non adeguate, nel tentativo di raggiungere le coste italiane, greche e spagnole per restare così in Europa. Capita a volte che quelle imbarcazioni facciano naufragio, e che uomini, donne e bambini muoiano annegati.

Così Marc si è imbarcato su una delle navi che cercano di portare in salvo i naufraghi, per la precisione quella dell'organizzazione di volontari Open Arms. Il 18 luglio è arrivato nel punto di mare tra la Libia e la Sicilia dove era affondato un gommone. Tutti gli occupanti erano morti tranne Josepha, una donna fuggita dal Camerun, e Marc ha così partecipato al suo salvataggio.

Terminata l'esperienza di quell'estate così particolare, Marc è rientrato a Memphis, ma a stagione ancora in corso è passato ai Toronto Raptors, con cui ha vinto il titolo della NBA 2019. Siccome Pau quello stesso titolo lo aveva già conquistato (due volte) coi Lakers, i Gasol sono diventati la prima e unica coppia di fratelli a essere stati entrambi Campioni della NBA. In quel 2019 così fortunato Marc ha pure vinto per la seconda volta il titolo mondiale con la Spagna, dopodiché è a sua volta passato ai Los Angeles Lakers, prima di chiudere la carriera là dove l'aveva cominciata, in Spagna con il Girona. Ma ha sempre affermato che la sua vittoria più bella l'ha conquistata quel giorno in mare. «Anche salvare una vita, una vita sola,» ha detto «mi ha fatto capire quanto sia valsa la pena esserci stato».

40

CHRISTIAN ERIKSEN

Nel giugno del 2021 il calciatore Christian Eriksen era molto felice di poter finalmente giocare l'Europeo. Tutti lo erano, perché l'anno precedente non era stato possibile farlo a causa della pandemia da Covid-19. Eriksen e i suoi compagni della Nazionale danese lo erano ancora di più per altri due motivi: perché cinque anni prima, nel 2016, non avevano potuto partecipare essendo stati eliminati nello spareggio dalla Svezia; e poi perché quell'anno il campionato si disputava in tante sedi diverse, tra le quali anche Copenaghen, la loro capitale. Una gran bella occasione per andare avanti in una competizione importante: fino a quel momento Eriksen non ci era mai riuscito, nonostante avesse già disputato con la sua Nazionale più di cento partite. Con i club dei quali aveva fatto parte aveva già vinto molto, per l'esattezza tre scudetti olandesi conquistati con l'Ajax, dove era andato da giovane dopo l'esordio nel Middelfart, la squadra della sua città allenata da suo papà Thomas. Non solo: poco prima dell'Europeo del

2021 aveva vinto lo scudetto anche in Italia, con l'Inter. Insomma, fino a quel momento la sua carriera stava andando benissimo, poi però è arrivato il 12 giugno 2021. Christian è sceso in campo contro la Finlandia al Parken Stadium di Copenaghen ma al 42' del primo tempo, mentre stava ricevendo il pallone da una rimessa laterale, è caduto a terra in modo strano. Si è capito subito che la situazione era grave: Eriksen ha avuto infatti un arresto cardiaco, il suo cuore per qualche secondo ha smesso di battere. Il capitano, Simon Kjaer, che era anche uno dei suoi migliori amici, è stato il primo a soccorrerlo, e il suo rapido intervento è stato decisivo. Nel frattempo, mentre entravano i medici e i barellieri, gli altri giocatori della Danimarca si sono messi tutti intorno a lui, per fare in modo che le telecamere non inquadrassero la sofferenza del loro compagno. Per fortuna in ospedale Christian si è ripreso, e dopo più di un'ora la partita è ricominciata. A vincere è stata la Finlandia per 1-0, i ragazzi della Danimarca erano troppo scossi e spaventati per poter garantire una prestazione migliore.

Nei giorni successivi a Eriksen è stato impiantato un defibrillatore cardiaco sottocutaneo, cioè uno speciale strumento che viene posizionato sotto la pelle e che, quando il cuore accenna ad arrestarsi, gli invia un segnale elettrico per farlo ricominciare a pulsare. Grazie a quel piccolo apparecchio, nel 2022 Christian ha potuto tornare a giocare, con il Brentford, squadra della Premier League, il campionato inglese. È anche tornato in Nazionale e pochi mesi dopo è stato ingaggiato dal Manchester United, con cui ha vinto la Coppa d'Inghilterra. Nel 2023 ha giocato sei partite della qualificazione all'Europeo, contribuendo alla conquista di un posto per la sua Nazionale. Così nell'estate 2024, tre anni dopo i brutti momenti vissuti nella precedente edizione, ha potuto partecipare di nuovo al campionato europeo, una competizione che per lui aveva acquistato un significato particolare. Il 12 giugno 2024, tre anni esatti dopo il suo malore, era in programma la prima partita della Danimarca, contro la Slovenia. Al 16' Eriksen è entrato in area, ha ricevuto un passaggio da destra, l'ha controllato di petto, ha infilato la palla nell'angolino a sinistra del portiere e ha fatto gol. Vederlo correre ed esultare è stato bellissimo: è stato come chiudere un cerchio, come ricominciare di nuovo, dimenticando finalmente la paura di quei drammatici istanti vissuti tre anni prima.

41

ABEBE BIKILA

Abebe Bikila era nato in un villaggio di montagna dell'Etiopia che si chiama Jato, il 7 agosto del 1932, esattamente nello stesso giorno in cui a Los Angeles si stava correndo la Maratona olimpica. A 19 anni è diventato un soldato, entrando fin da subito nel battaglione dell'esercito che fungeva da guardia del corpo dell'imperatore d'Etiopia, Hailé Selassié. Per un periodo è stato poi mandato a combattere nella guerra di Corea e quando è rientrato ha iniziato a fare ogni giorno 20 chilometri di corsa per andare da casa alla caserma della sua unità, che si trovava nella capitale Addis Abeba. Trattandosi di un corpo particolare, la guardia imperiale aveva un allenatore straniero, lo svedese Onni Niskanen.

È stato lui a notare Abebe e le sue doti per la corsa, e a convincerlo ad allenarsi per la maratona. Bikila ha cominciato a correrla nel 1956, quando aveva 24 anni. I risultati si sono rivelati ottimi fin da subito, tanto da consentirgli di partecipare all'Olimpiade del 1960 a Roma. In quell'occasione si è

ABEBE BIKILA

presentato al via scalzo, una strana scelta sulla quale sono state fatte immediatamente diverse ipotesi. Si era detto che un paio di scarpe le avesse in effetti comprate, ma che fossero troppo strette per i suoi piedi.
È probabile che sia andata proprio così, ma pare anche che Niskanen, sapendolo abituato a correre spesso in quel modo, lo avesse fatto provare e che «da scalzo» i tempi fossero migliori di quelli ottenuti con le scarpe. In ogni caso alla partenza quasi nessuno sapeva chi fosse quell'etiope: tutti in compenso lo guardavano e non potevano credere che fosse davvero a piedi nudi. I grandi favoriti quel giorno erano il russo Sergey Popov e il marocchino Rhadi Ben Abdesselam, e fu una maratona particolarmente affascinante perché venne disputata in tarda serata, con il buio, tra i tesori archeologici della città illuminati dalla suggestiva luce delle torce. Abebe staccò tutti gli avversari e andò a vincere, nella sorpresa generale, con il miglior tempo di sempre: 2 ore, 15′ e 16″. Fino ad allora si erano tenute tredici edizioni delle Olimpiadi moderne e nessun atleta nero africano aveva mai vinto una medaglia. Il Sudafrica ne aveva conquistate tredici, di cui cinque d'oro, ma tutte con atleti bianchi: a quei tempi, ai neri in Sudafrica lo sport ad alti livelli era precluso. L'oro di Abebe Bikila aveva quindi un valore simbolico enorme. Quattro anni dopo, all'Olimpiade di Tokyo, Abebe

si è ripetuto, migliorando ancora il suo straordinario tempo. Nessuno aveva mai vinto due medaglie d'oro olimpiche nella maratona. I festeggiamenti in Etiopia furono solenni: l'imperatore lo ha promosso addirittura capitano. Cinque anni più tardi però Abebe è rimasto vittima di un grave incidente stradale. Con la sua auto è finito in una scarpata e i soccorritori lo hanno trovato solo la mattina seguente. Nella caduta si era fratturato la spina dorsale, ed è quindi rimasto paralizzato dalla vita in giù: l'uomo che correva come nessun altro non poteva più camminare. Ma da vero sportivo non si è arreso e ha continuato a competere, dedicandosi ad altre discipline. Nel 1972 ha partecipato alle Paralimpiadi, che a quei tempi non venivano organizzate nella stessa città dell'Olimpiade: quell'anno si tenevano a Heidelberg, in Germania. In carrozzina ha partecipato alla gara di tiro con l'arco e al torneo di tennistavolo, e un po' di tempo dopo ha anche vinto una gara di slitte in Norvegia. Purtroppo Abebe Bikila è morto troppo presto, aveva infatti solo 41 anni. Ma per le sue vittorie e per il valore simbolico delle sue imprese è ricordato in tutto il mondo. A Addis Abeba lo stadio principale porta il suo nome, e a lui è intitolata anche una via di Roma.

42

SARA TUCHOLSKY

Era il 24 aprile del 2008 a Ellensburg, una piccola città dello stato di Washington, negli Stati Uniti. Si giocava una partita decisiva della Great Northwest Athletic Conference, un campionato di softball universitario di secondo livello. La squadra di casa, le Wildcats della Central Washington University, giocavano contro le Wolves di Western Oregon University. La squadra vincente sarebbe andata ai playoff con le migliori squadre di altre leghe di secondo livello. Era quindi una partita importantissima, che oltretutto si disputava tra due squadre particolarmente rivali. Al secondo *inning* – così sono detti i periodi delle partite di baseball e di softball – il risultato era ancora 0-0.

Con due giocatrici arrivate in base, per Western Oregon era alla battuta Sara Tucholsky. Sara era molto brava in difesa, cioè quando si trattava di prendere la palla con il guantone, nel suo ruolo di esterno, ma in battuta non era granché. Lei stessa diceva che, quando arrivava il momento di battere, avvertiva molta pressione e nella maggior parte dei casi sbagliava. Soprattutto, non aveva mai battuto un fuoricampo, ovvero la battuta potente che supera la delimitazione del campo e permette a chi l'ha effettuata di andare a segnare il punto indisturbato. Si tratta dell'azione in molti casi più spettacolare del baseball e del softball, di sicuro la più «gloriosa».

Ecco, Sara non era mai riuscita a batterne nemmeno uno in tutta la sua vita, nemmeno ai tempi delle scuole né in allenamento. Fino a quel momento. Poi però, proprio lì, , sullo 0-0, il suo giro di mazza ha incocciato benissimo la palla, che è volata oltre la rete. Quando qualcuno batte un fuoricampo tutti quelli che sono in base, più il battitore che lo ha realizzato, devono completare il giro delle basi, arrivare a casa base e segnare un punto. Quindi, con due sue compagne in base, quel fuoricampo valeva tre punti. Sara era fuori di sé dalla gioia, tanto che correndo ha dimenticato di toccare la prima base. Se n'è accorta subito e per questo ha frenato la sua corsa di colpo, ma in quel preciso momento ha sentito come un crack alla gamba ed è crollata a terra, urlando per il dolore. Si era rotta il legamento crociato del ginocchio destro.

Dalla sua panchina, assistenti e compagne sono entrati in campo per cercare di aiutarla, ma qualcuno ha fatto notare

che se l'avessero toccata sarebbe stata immediatamente eliminata. Una soluzione in realtà c'era: sostituirla. A quel punto però, siccome aveva toccato solo la prima base, le sarebbe stato accreditato un singolo, cioè una battuta da una sola base. E l'unico fuoricampo della sua vita, importantissimo, sarebbe di conseguenza stato cancellato dalle statistiche.
Sara piangeva e la sua allenatrice, Pam Knox, pensava a cosa fare, quando la prima base di Central Washington, Mallory Holtman, la giocatrice con più fuoricampo all'attivo nella storia del campionato, ha chiesto: «Ma io che sono un'avversaria posso toccarla?». «Sì, certo», ha risposto l'arbitro Jacob McChesney. Allora Mallory ha chiamato una sua compagna, l'interbase Liz Wallace, e insieme hanno sollevato Sara. L'hanno portata fino a toccare, delicatamente, con la gamba sinistra, la seconda base e poi la terza. E infine casa base, per il punto del 3-0, tra gli applausi e la commozione di tutti i presenti. Il suo fuoricampo era così salvo. «Te lo meriti», ha commentato Mallory portando Sara verso la sua panchina.
«È un grande momento quello in cui qualcuno ha la forza di alzarsi in piedi e fare la cosa giusta al momento giusto», ha commentato Pam Knox. Tempo dopo, un'altra donna e grande manager, Sue Enquist, della University Califor-

nia-Los Angeles, ha aggiunto: «Quel momento ha cambiato per sempre la storia del softball. Perché a tutti è stato chiaro che c'è qualcosa di più importante del risultato della partita: la sportività».

43

JIM THORPE

Questa è una storia di oltre cent'anni fa, di un mondo e di uno sport lontani. È la storia di un uomo che tutti conoscevano come Jim Thorpe, ma che per la sua gente era «Wa-Tho-Huk», Sentiero Luminoso. Sia la mamma che il papà di Jim erano figli di donne native americane e quel nome per noi strano era nella lingua della tribù in cui Jim è cresciuto, in Oklahoma. Fin dalle scuole superiori Jim era un incredibile fenomeno in tanti sport, soprattutto nell'atletica ma anche nel baseball, nel football e nel lacrosse, una specie di hockey giocato già dai nativi americani. Una volta al college, il Carlisle, si è dedicato a diverse discipline, diventando però una star nel football. La squadra dell'università, grazie a lui, ha avuto stagioni trionfali nel 1911 e nel 1912, conquistando il titolo nazionale. Le imprese atletiche di Jim erano leggendarie e così, anche se da due anni non praticava l'atletica, nella primavera del 1912 si è presentato ai trials di New York. I trials sono gare in cui le Nazionali statunitensi di vari sport fanno competere i loro atleti per poi scegliere i migliori da mandare alle Olimpiadi. Jim si è così conquistato un posto nella Nazionale di atletica leggera per i Giochi che quell'anno, in estate, si sarebbero tenuti a Stoccolma, in Svezia. Era capace sia di correre veloce sulle brevi distanze, come uno sprinter, sia su quelle lunghe, da fondista, e come se non bastasse era anche eccellente nei lanci e nei salti. Risultava quindi iscritto alla prova di decathlon e a quella di pentathlon. Quest'ultimo era molto diverso da quello praticato oggi e definito «pentathlon moderno». A quei tempi infatti sopravviveva ancora la versione classica, che comprendeva cinque prove di atletica, mentre oggi il pentathlon è una gara multidisciplinare che include scherma, nuoto, equitazione, corsa e tiro a segno. Il decathlon invece ne aveva e ne ha ancora in programma dieci.

A Stoccolma, a poco più di un giorno dalla prima prova, accadde che qualcuno avesse rubato le scarpe di Jim. Secondo la leggenda, lui avrebbe allora cercato e trovato due scarpe in un bidone dell'immondizia. La cosa non è mai stata chiarita, di certo però Thorpe ha corso, saltato e lanciato con due scarpe tra loro diverse. Una era addirittura troppo lunga per lui, che risolse l'inconveniente indossando diversi calzini nello stesso piede.

Eppure, anche gareggiando in quelle condizioni, lo sbalorditivo Jim a Stoccolma ha vinto nell'una e nell'altra disciplina, portando così a casa due medaglie d'oro. Il re di Svezia, Gustavo V, premiandolo gli disse: «Lei, signore, è il più grande atleta del mondo». I successi di Jim furono ampiamente celebrati ma sulla stampa, essendo discendente di nativi americani, Jim era sempre definito come «indiano» o «pellerossa». Sei mesi dopo l'Olimpiade di Stoccolma un giornale locale, il «Worcester Telegram», ha rivelato che, prima di andare in Svezia, Jim aveva giocato a baseball per i Rocky Mount, una squadra della Eastern Carolina League, dalla quale sarebbe stato pagato due dollari a partita, o secondo altri cinque. A quei tempi alle Olimpiadi potevano andare solo atleti dilettanti, che a differenza di quelli professionisti non vengono pagati per fare sport. E le regole erano molto severe, tanto che a Jim furono tolte le medaglie d'oro.

Lui ci rimase molto male e scrisse una lettera di scuse al Cio, il comitato che organizza i Giochi: «Sono solo uno studente indiano, non sapevo di non poter essere pagato per fare sport». Non arrivò nessun perdono, ma nel frattempo Jim continuava a praticare sport ad altissimo livello. Era talmente bravo che in primavera e in estate giocava con i New York Giants nella MLB, il più importante campionato di baseball, e in autunno e in inverno diventava un giocatore di football, per diverse squadre. Pochi anni fa, molto tempo dopo la sua morte, si è scoperto che quando aveva

quasi 40 anni, ha disputato anche diverse stagioni nel campionato di basket professionistico, che a quei tempi non si chiamava ancora NBA.
Jim è morto nel 1953. Trent'anni dopo, nel 1982, il Comitato olimpico ha riconosciuto che non aveva colpe e ha restituito ai suoi figli le medaglie d'oro conquistate, reinserendo il suo nome negli albi d'oro delle Olimpiadi. Oggi Jim Thorpe, Sentiero Luminoso, è considerato uno dei più grandi atleti del XX secolo.

44

MAMIE JOHNSON

Mamie si chiamava proprio così, non era un soprannome: Mamie Johnson. Alla nascita il cognome era Belton, ma noi la ricordiamo con quello del marito. Tanto, quando giocava, per tutti era «Peanut», Nocciolina.

Nata in South Carolina, è cresciuta con la madre perché il padre ha abbandonato la famiglia quando lei era ancora piccola. Poco dopo però anche la mamma è andata via, a cercare lavoro, e così lei è cresciuta con la nonna e poi in New Jersey con una zia. È lì e in quegli anni che ha iniziato a giocare a baseball coi maschi, così, quando a 11 anni è finalmente tornata a vivere a Washington con la mamma, ha continuato a praticare non solo il softball, come molte ragazze facevano, ma anche il baseball con i ragazzi. La Seconda guerra mondiale era appena finita, era un periodo assai duro e difficile ma almeno una cosa buona era successa, per le ragazze appassionate di sport. Siccome molti giocatori di baseball erano andati in guerra, com-

MAMIE JOHNSON

prese certe star come Joe DiMaggio e Ted Williams, si era deciso di organizzare un campionato femminile, chiamato All-American Girls Professional Baseball League. Un torneo che è poi sopravvissuto per diversi anni anche dopo la fine della guerra.
E così, quando è diventata maggiorenne, Mamie ha provato a entrare in una delle squadre che lo disputavano, ma non è stata accettata perché era nera. Una orribile ingiustizia, tanto più che già da cinque anni in MLB, il campionato maschile, erano cadute le barriere razziali e quindi anche i neri potevano finalmente giocare nelle squadre del più importante campionato americano. Fino al 1947 erano infatti stati costretti a giocare nelle Negro Leagues, i campionati – come abbiamo già ricordato – creati appositamente per i neri che sono sopravvissuti ancora per un po' di anni.
È lì quindi che Mamie ha cercato di andare, e ci è riuscita. Nel 1953 è diventata una giocatrice degli Indianapolis Clowns, i Pagliacci di Indianapolis, un nome che metteva allegria. Non era nemmeno così strano che avessero accettato una donna: il fatto è che da quando i giocatori migliori se ne erano andati per giocare nella MLB, le Negro Leagues erano sempre alla ricerca di novità per attirare l'interesse del pubblico. E così nei Clowns le donne erano tre: oltre a Mamie c'erano anche Toni Stone e Connie Morgan. Solo che

Mamie era lanciatrice, e nessuno credeva che una donna potesse lanciare abbastanza forte, e in modo sufficientemente insidioso, da mettere in difficoltà gli uomini. Invece Mamie ci riusciva. Quanto al suo soprannome, Peanut, fu un avversario a darglielo, tale Hank Baylis: l'aveva chiamata così per prenderla in giro, in confronto a certi marcantoni che giocavano in quel campionato lei era infatti molto piccola. Mamie aveva riso e poi lo aveva messo *strike-out*, cioè con i suoi lanci lo aveva eliminato. In tre anni Mamie è stata lanciatrice vincente di trentatré partite, contro appena otto sconfitte: una media straordinaria. Negli anni successivi le Negro Leagues andarono scomparendo e lei quindi ha smesso di giocare a baseball. Ma resteranno per sempre nella memoria degli appassionati il suo coraggio di non darsi per vinta e la sua voglia di sfidare tutti, anche gli uomini.

45

MIREYA LUIS

Da piccola Mireya voleva imitare sua sorella Mirta che giocava a pallavolo. E così quando ha saputo che nella sua città, Camagüey, a Cuba, stavano aprendo una scuola da cui sarebbe nata una squadra, si è presentata. Aveva 10 anni ed era piuttosto piccoletta. «Con me c'erano altre trenta-quaranta ragazzine, tutte molto più alte», ha raccontato tempo dopo. E infatti i responsabili della selezione non le prestavano attenzione: si appuntavano i nomi di qualche ragazza, ne chiamavano alcune ma nessuno si occupava di lei. Fino a quando uno dei dirigenti della squadra le ha detto che era troppo bassa per pensare di praticare quello sport. Mireya è rimasta in silenzio per un po', poi è andata da uno degli allenatori e gli ha detto: «Lo sai che io, se salto, tocco il soffitto?». Quello l'ha guardata un po' e le ha risposto con sufficienza, perché pensava che la ragazzina stesse esagerando. «Tocco il soffitto, ti dico», ha invece insistito lei, dopodiché ha preso la rincorsa e oplà: lo ha toccato veramente. «Sarà stato alto circa 2

17
MiREYA LUiS

metri e 80», ha raccontato lei stessa qualche anno fa nel corso di un'intervista. I selezionatori hanno subito messo il suo nome in cima alla lista delle aspiranti giocatrici e quel giorno è cominciata la leggenda di Mireya Luis.
I dubbi sulla sua statura non si sono limitati a quel primo episodio: per un po' di tempo anche altre persone dell'ambiente le dissero che non poteva sperare di diventare una giocatrice importante. Ma piano piano, con i suoi salti prodigiosi, Mireya ha convinto tutti gli scettici, tant'è vero che a 14 anni giocava già nel campionato nazionale nella squadra della sua città, con ragazze e donne molto più grandi di lei. Nel frattempo era cresciuta un po', ma non tanto: era arrivata a 1 metro e 75, un po' poco per giocare a pallavolo ad alti livelli. Ma per Mireya non è mai stato un problema, perché nessuna saltava come lei: arrivava a toccare la palla a 3 metri e 39 centimetri di altezza. A 17 anni era già in Nazionale, a 18 era schiacciatrice titolare, in procinto di partecipare al Mondiale. Solo che pochi mesi prima ha scoperto di aspettare un bimbo e non sapeva come fare a dirlo al suo allenatore, Eugenio George. Quando finalmente ha trovato il coraggio, lui le ha sorriso e le ha chiesto come lo avrebbe chiamato. È nata una femmina, Idanaisi, e solo nove giorni dopo averla data alla luce, Mireya l'ha lasciata alla sua mamma, Catalina, per riprendere a giocare. «Era abituata a

tenere dei bambini, oltre a mia sorella io ho anche sette fratelli maschi.» Così Mireya è volata a Praga per il Mondiale, dove Cuba ha conquistato la medaglia d'argento. Stava iniziando l'epopea di una squadra eccezionale che ha poi vinto la medaglia d'oro in tre Olimpiadi di fila: Barcellona 1992, Atlanta 1996 e Sydney 2000, alle quali vanno aggiunti due ori ai Mondiali del 1994 e del 1998. In campo con lei c'erano altre giocatrici bravissime, come Regla Torres, Marlenis Costa, Regla Bell. Lei, Mireya, era la più bassa, ma come sempre quella che saltava più in alto e che schiacciava più forte di tutte. Ovunque nel mondo le chiamavano «Las Morenas del Caribe», le More dei Caraibi, e il loro tecnico Eugenio George è stato nominato Miglior Allenatore del XX secolo. Poi, dopo tutte quelle vittorie, Mireya è venuta in Italia, dove per due anni ha giocato a Bergamo, vincendo uno scudetto e due Champions League. Secondo tanti, la ragazzina che non aveva grandi possibilità di eccellere perché troppo bassa è stata la miglior pallavolista della storia. E quando poi ha smesso è rimasta nell'ambiente della pallavolo diventando dirigente, fino al ruolo di vicepresidente della Federazione mondiale.

46

FRANCESCO D'ANIELLO

Nel 1999 Francesco D'Aniello aveva 30 anni e faceva il poliziotto. Da ragazzino aveva giocato per un po' a baseball, come fanno in tanti a Nettuno, la sua città. Ha sempre avuto una gran mira. Una volta, mentre era in servizio a Torino, durante una rapina a un ufficio postale, con il rapinatore che teneva in ostaggio un impiegato puntandogli una pistola alla tempia, lo aveva messo sotto tiro. «Sapevo benissimo che l'avrei centrato. Ho passato secondi lunghissimi, ero tentato di sparare, ma per fortuna ho avuto la pazienza di aspettare. Fino a che il rapinatore non si è arreso.» Un po' di tempo dopo era stato trasferito a Roma e una sera, mentre si trovava in servizio sulle volanti, con il collega ha notato un paio di facce sospette su un'auto, in pieno centro città. Da una rapida verifica la macchina risultava rubata. Francesco e l'altro poliziotto allora hanno fermato i due, che hanno subito confessato di averla rubata. Li hanno quindi portati in Questura dove è stato formalizzato l'arresto. Si tratta di operazioni burocratiche lunghe, per cui i due poliziotti sono dovuti rimanere lì quasi tutta la notte. Quando finalmente sono potuti uscire per andare a casa, è stato il suo collega a mettersi al volante. Erano tutti e due molto stanchi e il guidatore ha avuto un colpo di sonno, l'auto è andata a sbattere e si sono fatti entrambi molto male. Francesco aveva un trauma cranico e una brutta ferita vicina all'occhio destro, ricucita in ospedale con numerosi punti di sutura. Per lui è cominciata successivamente una lunga convalescenza a casa, senza lavorare. Un giorno, con l'occhio destro ancora bendato come Capitan Uncino, è andato al campo di tiro di Cisterna a trovare alcuni amici, che spesso prendeva in giro per quella loro passione per il tiro al piattello. Anche Francesco sparava: con la pistola, per addestrarsi in servizio, ma anche con il fucile quando andava a caccia con suo padre. E agli amici del tiro a volo diceva: «Ma come fate a non prenderli, quei piattelli?». Già in passato aveva partecipato a una delle loro gare amatoriali, e anche se aveva sparato con un fucile da caccia quindi con un'arma non idonea, era comunque riuscito a vincere. In molti pensavano che, con un fucile professionale, avrebbe avuto possibilità di carriera nel tiro a volo, e infatti quel giorno uno degli amici gli ha detto: «Francesco, sai che la Polizia ha una squadra di tiro? Perché non ci provi?». Fino a quel momento non ci aveva mai pensato, ma visto che aveva un bel po' di tempo libero, si è comprato un fucile da tiro usato e ha cominciato ad allenarsi. Qualche mese dopo ha partecipato al campionato italiano della Polizia, e lo ha vinto.

All'improvviso, a 30 anni, Francesco è diventato un atleta di interesse nazionale. Dalla fossa olimpica, che è una delle specialità del tiro, è passato al double trap, e meno di cinque anni dopo era già Campione d'Italia. Nel 2006 è stato convocato per la prima volta in Nazionale e un anno più tardi è diventato Campione del Mondo. All'Olimpiade di Pechino, nel 2008, ha conquistato la medaglia d'argento, e quando gli hanno chiesto cosa avrebbe fatto subito dopo quel risultato lui ha risposto che avrebbe comprato una ruspa giocattolo per suo figlio. La sua carriera è andata avanti, e il 2009 in particolare è stato per lui un anno magico: ha conquistato il titolo di Campione del Mondo e Campione d'Europa. Aveva compiuto 40 anni, e la sua storia prova che a volte lo sport e il destino hanno in serbo per noi avventure straordinarie e inaspettate.

47

NAWAL EL MOUTAWAKEL

Le bambine nate in Marocco il 9 agosto del 1984 hanno tutte lo stesso nome: Nawal. Era stata una decisione del re, Hassan II, che la notte prima non aveva dormito: era infatti rimasto sveglio per vedere in televisione la finale dei 400 metri ostacoli femminile all'Olimpiade di Los Angeles, perché non era mai successo che un'atleta del suo Paese fosse arrivata alla fase finale di una competizione olimpica. Fino a quel giorno il Marocco non aveva mai vinto una medaglia d'oro, né maschile né femminile. In gara quella notte c'era Nawal El Moutawakel.

Nawal aveva sempre praticato sport, incoraggiata dai suoi genitori: il papà era infatti stato un judoka, la mamma aveva giocato a pallavolo. Così fin da piccola lei andava a correre, spesso sulla Corniche, il lungomare della sua città, Casablanca, ed era veloce come i suoi fratelli e i suoi cugini maschi. Presto ha cominciato anche ad allenarsi in una so-

cietà locale, su una pista che però non era regolamentare, perché non raggiungeva i 400 metri come le piste ufficiali di atletica leggera. Lì comunque Nawal ha provato diverse specialità della corsa, fino a quando un tecnico francese, Jean-François Coquand, l'ha indirizzata, seppure contro la sua volontà, verso i 400 ostacoli, una specialità che sarebbe diventata olimpica a partire da Los Angeles 1984. Quindi, fino ad allora, praticata da poche atlete a livello mondiale. A 20 anni Nawal è stata convocata in Nazionale per i campionati africani del 1982 al Cairo, in Egitto, dove ha vinto la medaglia d'oro. La sfida dell'anno successivo si prospettava più dura, perché avrebbe dovuto prendere parte ai Giochi del Mediterraneo, dove erano presenti atlete di Paesi europei come la Francia, l'Italia, la Spagna. Si gareggiava a Casablanca, e lì, nella sua città, Nawal è stata la migliore di tutte. A vederla trionfare c'era anche un allenatore statunitense, che le ha offerto una borsa di studio per allenarsi e gareggiare nella sua Università, in Iowa. Nawal si trovava così di fronte a una decisione molto difficile da prendere, per lei e per la sua famiglia. Ma alla fine ha scelto di lasciare il suo Paese e partire per gli Stati Uniti.
Solo una settimana dopo il suo arrivo laggiù, però, il papà è improvvisamente mancato, vittima di un incidente stradale, e la mamma e i fratelli hanno pensato fosse meglio

tenerle nascosta la notizia per un po'. Ogni volta che al telefono lei chiedeva del padre, le dicevano quindi che in quel momento era occupato, o che non voleva distrarla dal suo lavoro e dai suoi allenamenti. Quando ha scoperto la verità si è arrabbiata tantissimo. «Ma il dolore» ha raccontato «era superiore alla rabbia. Allora l'ho trasformato in determinazione.» Nawal si è così allenata ancora più duramente, spesso in condizioni climatiche per lei difficilissime, essendo abituata al mite clima marocchino. E finalmente è arrivata l'Olimpiade. Nel giorno della sua gara Nawal è partita benissimo, in testa fin da subito, e lì è rimasta. Nel rettilineo finale la statunitense Judi Brown e la romena Cristieana Cojocaru hanno cercato di rimontare, ma senza riuscirci. Nawal Moutawakel è diventata così la prima medaglia d'oro del Marocco, la prima donna africana e la prima donna musulmana campionessa olimpica. Dopo la premiazione i dirigenti della sua Nazionale l'hanno accompagnata in un ufficio del Coliseum, lo stadio di Los Angeles, perché qualcuno la voleva al telefono. La voce che sentiva alla cornetta era quella di Hassan II, il suo re. Che non solo le ha fatto i complimenti, ma anche quella promessa: «Tutte le bimbe che nasceranno oggi in Marocco si chiameranno come te». Da quel giorno Nawal è diventata un simbolo. Migliaia di ragazze da tutti i paesi islamici le hanno scritto lettere per ringraziarla e dirle che per loro era d'esempio. Nawal aveva infatti dimostrato a quelle ragazze che non solo potevano fare sport, ma che nessun traguardo sarebbe stato loro precluso. Molte, non conoscendo il suo indirizzo di casa, sulla busta scrivevano solo: Nawal El Moutawakel, Marocco, e quelle lettere giungevano ugualmente a destinazione, tanto Nawal era diventata famosa nel suo Paese. Dopo la fine della sua carriera da atleta, Nawal è stata più volte eletta ministra dello Sport del Marocco ed è tutt'ora membro del Cio, il Comitato olimpico, dove si impegna affinché sempre più donne, in tutti i Paesi, possano avere libero accesso alla pratica di molte discipline sportive.

10
PELÉ

48

PELÉ

Forse il papà aveva immaginato che il suo bambino avrebbe portato la luce, per quello lo voleva chiamare come l'inventore della lampadina, Thomas Edison. Solo che a Três Corações il funzionario dell'anagrafe, l'ufficio dove si registrano i nomi, lo ha scritto male: ha dimenticato la «i», così il nome del bambino è diventato Edson, Edson Arantes do Nascimento. Presto però sarebbe diventato per tutti solo Pelé, un nomignolo che lui all'inizio detestava. Avevano iniziato a chiamarlo così quando, con la sua famiglia, era andato a vivere a Bauru, nello Stato di San Paolo. Lì il papà Joao Ramos, detto Dondinho, giocava nella locale squadra di calcio, il cui portiere era detto Bilé. Il piccolo Edson ne storpiava il soprannome in «Pelé», e gli altri ragazzini hanno quindi cominciato a chiamarlo così, prendendolo un po' in giro e senza immaginare che stavano contribuendo a far nascere una leggenda.

A quell'epoca essere un calciatore non significava automaticamente guadagnare molti soldi, e infatti la famiglia di

Pelé era molto povera. Lui e i suoi amici giocavano in strada con un pallone fatto di stracci, altre volte con un mango. Il 16 luglio del 1950, quando Pelé aveva 10 anni, si giocava Brasile-Uruguay, la partita decisiva del Mondiale di calcio, al Maracanà di Rio de Janeiro. Tutto il Paese era in ascolto alla radio, certo di festeggiare. E invece vinse l'Uruguay 2-1. Fu una vera tragedia nazionale. Si racconta che Pelé, vedendo suo padre molto triste, gli disse: «Non preoccuparti, ci penserò io a vincere un Mondiale».

Dalle strade è presto passato alle giovanili del Bauru, la squadra del papà, e da lì quasi subito a quella della città di Santos. Dove Pelé quando è arrivato con un bus è rimasto minuti interi a guardare il mare: non l'aveva mai visto. Il Santos lo ha portato in prima squadra a soli 15 anni, ed era talmente bravo che presto è stato chiamato anche in Nazionale, dove ha debuttato a 16 anni e 9 mesi. L'allenatore, Victor Feola, lo ha convocato per il Mondiale del 1958 in Svezia, ma Pelé era infortunato a un ginocchio e ha quindi cominciato a giocare a Mondiale in corso. Il suo primo gol, decisivo, lo ha segnato nel quarto di finale contro il Galles. «Per me è stato indimenticabile,» dichiarò «perché quel giorno tutto il mondo ha saputo chi era Pelé.» In semifinale con la Francia ha realizzato una tripletta e in finale contro la Svezia una doppietta. Il Brasile per la prima volta era di-

ventato Campione del Mondo, come Pelé aveva promesso al suo papà.
Pelé si è così ritrovato a essere famosissimo: è rimasto in Nazionale ancora per molti anni, portando il Brasile a vincere anche il Mondiale del 1962 in Cile. Nel frattempo il Santos ha trionfato in cinque campionati, nei quali Pelé ha segnato un'infinità di gol. Della maggior parte di quelle reti purtroppo non ci sono immagini, nemmeno del gol, che si racconta sia stato leggendario, realizzato nel 1961 contro la Fluminense: secondo i racconti avrebbe infatti scartato ben sette avversari per poi andare a segnare. Nel 1969 un rigore realizzato contro il Vasco da Gama è stato il gol numero 1000 della sua carriera. Nel 1970, in Messico, Pelé ha portato il Brasile a vincere il terzo titolo mondiale, battendo in finale l'Italia e segnando uno dei quattro gol del 4-1. Tra i suoi compagni di Nazionale, nessuno aveva giocato con lui nel 1958 in Svezia: Pelé era l'unico ad aver vinto tre Mondiali, e lo è ancora.
Quando, nel 1977, dopo essere passato al Cosmos di New York, ha chiuso la carriera, è stato calcolato che avesse segnato 1281 gol. Nel 2000 la Federazione internazionale ha definito Pelé, il ragazzino che giocava con un pallone di stracci nelle strade di Bauru, il miglior giocatore del XX secolo.

49

EZIO TRICCOLI

Il 18 agosto 2004 ad Atene si disputava la finale olimpica del fioretto femminile. In pedana, una di fronte all'altra, Giovanna Trillini e Valentina Vezzali. Al momento più alto e importante del loro sport erano arrivate due italiane. Non solo: due vicine di casa, due ragazze cresciute nella stessa scuola di scherma, a Jesi, allenate dallo stesso maestro. Ed è questo il punto centrale della vicenda: se un club era stato capace di allevare le due più grandi campionesse al mondo, significa che molto del merito era di chi aveva insegnato così bene, a loro e a tanti altri atleti, a praticare quello sport. E dunque il protagonista di questa storia è quell'allenatore, Ezio Triccoli. Che quel giorno meraviglioso, culminato con la medaglia d'oro per Valentina e l'argento per Giovanna, non lo ha purtroppo potuto vedere perché era morto già da otto anni. Ma di certo senza di lui quel fantastico momento non ci sarebbe stato, ed è straordinario sapere come lui lo aveva reso possibile. Quando, nel 1940, Triccoli è partito per la guerra non conosceva ancora lo sport che lo avrebbe reso famoso. Venne mandato in Libia, nella città di Sabratha, e pochi giorni dopo, il 10 dicembre 1940, venne fatto prigioniero dall'esercito britannico nel corso di un combattimento nei pressi di Sīdī el-Barranī. Fu portato in Egitto e da lì, qualche mese dopo, in Sudafrica, a Zonderwater, un enorme campo di prigionia per militari italiani. Uno dei comandanti che nel corso del tempo si sono lì succeduti, Hendrik Fredrik Prinsloo, decise di introdurre nel campo l'attività sportiva: i prigionieri poterono così iniziare a praticare ginnastica, boxe, calcio – disputando anche un vero campionato interno – e scherma, alla quale Triccoli si è subito appassionato. A insegnargli i primi rudimenti fu un sottufficiale inglese. Nell'organizzazione voluta da Prinsloo erano previsti diversi club di scherma interni al campo: bisogna infatti pensare che Zonderwater negli anni era diventato una specie di prigione-metropoli, lì dentro erano detenuti quasi centomila nostri militari. Triccoli ha così conosciuto altri italiani che avevano già praticato la scherma; da loro, e da un medico, Serafino La Manna, ha imparato i gesti tecnici e i movimenti di quello sport. Insieme hanno costruito gli attrezzi, a cominciare dalle sciabole e dai fioretti, con materiali di fortuna. Per tutti i cinque anni e mezzo in cui è stato detenuto, Ezio e gli altri prigionieri di guerra avevano il problema di come far passare il tempo, come tenersi impegnati, problema che lui aveva ri-

solto grazie alla scherma, diventata la sua grande passione. Così quando nel 1947, a guerra ormai finita da mesi, è finalmente riuscito a tornare a casa, ha subito aperto la Scuola Scherma Jesi, cominciando così una storia eccezionale. Una delle prime atlete a ottenere successi a livello nazionale è stata sua figlia Maria Cristina, e da lì in avanti c'è stato un continuo susseguirsi di vittorie e medaglie sempre più importanti. Lo stile insegnato da Triccoli non sempre seguiva i canoni classici della scherma, ragione per cui spesso veniva criticato da altri maestri. Soprattutto, Triccoli non correggeva gesti e movimenti magari poco ortodossi dei suoi allievi, altro motivo di dissidi con tecnici e dirigenti. Lui e la sua scuola sono sempre andati avanti a modo loro.
Nel 1984 Stefano Cerioni, suo allievo, è diventato Campione del Mondo di fioretto e nello stesso anno ha conquistato la medaglia di bronzo all'Olimpiade di Los Angeles e l'oro a squadre. Dopo di lui è stata la volta di Giovanna Trillini, con l'oro a Barcellona 1992 e altre tre medaglie individuali; quindi di Valentina Vezzali, vincitrice di tre ori individuali in tre diverse Olimpiadi (Sydney 2000, Atene 2004 e Pechino 2008); e poi anche di Elisa Di Francisca, due ori a Londra 2012 e un argento a Rio quattro anni dopo. Per cinque Olimpiadi di seguito la medaglia d'oro del fioretto è quindi andata alle sue allieve: un risultato straordinario.

50

BOBBI GIBB

Roberta Gibb amava tantissimo correre, fin da quando era piccola. I genitori, come tutti, la chiamavano Bobbi, e spesso la sgridavano per questa sua passione: «Come farai a trovare marito se vai sempre a correre nei boschi?» le chiedevano, a volte scherzando, altre meno. Bobbi correva tutti i giorni anche per andare a scuola, distante da casa quasi 13 chilometri. Fino a quel momento non era però interessata all'aspetto sportivo della corsa.

Solo più tardi, da grande, vedendo un giorno in tv la Maratona di Boston ne è rimasta affascinata, e si è in qualche modo riconosciuta in quella gente che correva. Quella Maratona, così celebre e prestigiosa e alla quale partecipavano però solo uomini, si disputava proprio lì, in una città poco lontana da dove lei abitava. O meglio, da dove abitava la sua famiglia, perché Bobbi nel frattempo si era trasferita dall'altra parte degli Stati Uniti, in California, per studiare all'Università di San Diego. Ed è lì che ha comin-

ciato ad allenarsi per la Maratona, la cui distanza esatta è di 42 chilometri e 195 metri.In certi giorni, Bobbi arrivava a correrne anche molti di più.
In quel periodo però alle donne non era permesso partecipare a gare così impegnative. Alle Olimpiadi, negli anni Sessanta, la corsa femminile più lunga erano gli 800 metri, perché i 1500 sono stati inseriti nel programma solo nel 1972 e i 10.000 nel 1988. Era inimmaginabile che una donna potesse prendere parte a una maratona, eppure Bobbi ci ha provato e ha mandato la domanda di iscrizione per partecipare a quella di Boston del 1966. Il responsabile dell'organizzazione, Will Cloney, le ha risposto con una lettera in cui spiegava che «le donne, fisiologicamente, non possono correre una maratona», e che la più lunga gara femminile poteva essere al massimo di un meglio e mezzo, cioè poco più di 2 chilometri.
«È stato in quel momento che ho capito: avrei dovuto fare la Maratona, per dimostrare che quel divieto era come molti altri che per secoli hanno escluso le donne da tante attività.» Così Bobbi è salita su un bus e ci è rimasta per quattro giorni e tre notti, fin quando da San Diego non ha raggiunto a Boston. È arrivata a casa, dai genitori, il giorno prima della gara. Sul momento il padre si è arrabbiato, venendo a conoscenza dei suoi intenti, così ad ac-

compagnarla al via, il giorno seguente, è stata la madre. Una volta lì, tutte e due si sono rese conto che le cose erano più difficili di quel che avevano immaginato. Anche vestita con i pantaloni del fratello e i capelli coperti, senza numero pettorale, Bobbi sarebbe stata notata subito, e probabilmente cacciata. Allora si è nascosta dietro un cespuglio, ha atteso lo sparo del via e quando un po' di corridori sono partiti si è buttata in mezzo a loro.

Ben presto gli altri partecipanti si sono accorti che lì a correre c'era anche una donna ma, benché stupiti, l'hanno incoraggiata. Via via che la gara andava avanti, se ne sono resi conto anche gli spettatori, e una radio locale ha preso a raccontare l'impresa. Così, una volta arrivata al traguardo, in tanti hanno festeggiato Bobbi, compreso il governatore del Massachusetts, John Volpe. Circa 290 dei 450 partecipanti hanno tagliato il traguardo dopo di lei, ma nonostante il buon risultato ottenuto e il sostegno di molti, quella sua partecipazione clandestina ha comunque suscitato polemiche.

Gli organizzatori hanno messo in dubbio che Bobbi avesse effettivamente percorso tutti i 42 chilometri e 195 metri: «Non è passata a nessun punto di controllo», hanno lamentato. E lei: «Ma mi hanno vista tutti». L'anno dopo Bobbi si è ripresentata al via. Non lo sapeva, ma c'era anche un'altra donna, Kathrine Switzer, a cui la sua impresa dell'edizione precedente aveva dato coraggio. Kathrine si era iscritta regolarmente seppur ingannando gli organizzatori, perché non aveva usato il suo nome ma solo le iniziali. Con il numero 261 e i capelli lunghi in bella vista si è presentata sulla linea di partenza.

Poco dopo il via un organizzatore, tale Jock Semple, l'ha raggiunta e, spintonandola, ha cercato di fermarla: «Vai via dalla mia corsa», le ha urlato. Ma Kathrine era accompagnata dal fidanzato, un lanciatore di martello che ha a sua volta spinto via Semple permettendo a lei e a Bobbi di arrivare in fondo alla gara. Nel 1968 le partecipanti erano diventate quattro, e nel 1972 la Maratona di Boston ha ufficialmente aperto le iscrizioni anche alle donne. Anni dopo è stata la stessa Bobbi a realizzare una statua che la raffigurava, e l'ha chiamata *The Girl Who Ran*, La ragazza che correva. La statua è stata sistemata vicino al punto del via della Maratona; a Boston del resto, per la precisione a Copley Square, c'è anche un monumento che riporta i nomi di tutti i vincitori della gara, a partire dalla prima edizione che si era tenuta nel 1897.

E lì, su quel monumento, è scritto anche 1966 Roberta Gibb perché, dopo vari anni, la partecipazione clandestina di Bobbi è stata riconosciuta come valida e lei risulta quindi vincitrice, della gara femminile e di molto di più: la sua vittoria è stata aver dimostrato che il divieto di partecipazione per le donne era frutto di uno stupido pregiudizio. La sua vittoria, ad anni di distanza, sono i milioni di donne che in tutto il mondo oggi corrono la maratona.

INDICE

01. Jannik Sinner 9
02. Leo Messi 13
03. Muhammad Ali 17
04. Lella Lombardi 21
05. Sorelle Williams 25
06. Michael Jordan 29
07. Wilma Rudolph 32
08. Gino Bartali 35
09. Lewis Hamilton 39
10. Oksana Chusovitina 43
11. Jury Chechi 47
12. Alfonsina Strada 51
13. Alex Zanardi 55
14. Gigi Riva 58
15. Michael Phelps 61
16. Eddie "The Eagle" Edwards 67
17. Dick Fosbury 71
18. Jack Sintini 74
19. Smith & Carlos 76
20. Niccolò Campriani 79
21. Jaromir Jagr 83
22. Roberto Clemente 86
23. Zahra Nemati 89
24. Robert Kubica 91

25. Yusra Mardini 93
26. Jim Abbott 97
27. Tedy Bruschi 100
28. Viktor Chukarin 103
29. Lata Brandisova 107
30. Jackie Robinson 110
31. Sandeep Singh 113
32. Lamine Yamal 117
33. Giannis Antetokounmpo 120
34. Carlo Molfetta 123
35. Jesse Owens 127
36. Matthias Sindelar 130
37. Manute Bol 133
38. Giamaica Bob 137
39. Marc Gasol 141
40. Christian Eriksen 144
41. Abebe Bikila 147
42. Sara Tucholsky 151
43. Jim Thorpe 155
44. Mamie Johnson 159
45. Mireya Luis 163
46. Francesco D'Aniello 167
47. Nawal El Moutawakel 170
48. Pelé 175
49. Ezio Triccoli 178
50. Bobbi Gibb 181

Finito di stampare nel mese di maggio 2025
per conto di RCS MediaGroup S.p.A.,
da ERRESAMPA, Via Portico 27, 24050 Orio al Serio (Bergamo)
Printed in Italy